JN438068

꿈에 어린 황룡강

계산 김계윤 시집

을지출판공사

內表紙畫 : 韓京洙

- 弘益大學校 美術大 社會教育 一年 修了
- 個人展(朝興文化館)
- Drawing會 會長 歷任
- 光州日曜畫家會 會長 歷任
- 獨逸 HAM BRUG 招待展
- 日本廣島世界平和 美術祭 出品
- 光仙畫友會 會長(現)
- 南溪(韓京洙) 古稀展(南道美術會館)
- 韓國美協 會員

■ 머리말

진실을 위해 노래하겠습니다

나는 의과대학을 졸업한 지 50년이 되었습니다. 50년의 세월이란 군의관 생활, 수련의 생활, 외국 유학 전문의 과정, 대학원 정기코스 등등을 끝낸 다음에 바로 정형외과 의사로서 개업을 하고 나니 바쁜 업무에 사회봉사 클럽 와이즈멘 클럽 봉사 활동과 장애자 재활협회를 창설하여 어려운 장애인을 돕는 일에 열중하다 보니 옆을 돌아볼 틈이 없었습니다.

6년 전 김지열 박사 정년퇴임식에 참석하였더니 자그마한 시집을 출판하여 출판기념회를 동시에 진행하는 것을 보고 남달리 우러러 보았습니다. 틈틈이 여행을 통해서 생각날 때 적어 두었다는 시집을 보고 퍽 감명스러웠고 부러운 생각이 들었습니다.

그러던 차 김일례 시인의 수필집을 읽어 보고 감동을 받았는데 김 시인이 김정웅(백야) 선생을 소개하여 주어서 글을 쓰도록 권유받고 한 편 두 편 생각나는 대로 습작해 백야 선생에게 보이고 의논하고 교정도 받고 배우게 되었습니다.

그동안 백야 선생의 문하생 모임인 백야문학회에 참여하고 백야문학집과 세계시문학 사화집에 나의 졸작의 시를 수록하여 출판하는 것을 보고 퍽 흥미롭고 지금까지 알지 못하던 세계를 알게 되는 것 같았습니다. 그동안 시를 쓰도록 용기를 주시고 칭찬하여 주신 백야 김정웅 선생께 감사드리고 김지열 교수, 김일례 시인, 민병휴 시인에게도 감사드립니다.

틀에 박힌 의사 생활에서 여러 자연의 사물에 대한 자유분방한 생각을 하면서 하늘의 별을 보나 꽃을 보나 고향 산천을 보나 풀 한 포기 돌 하나, 환자를 치료하면서 보고 느끼고 생각한 것을 습작해 보았습니다. 이것이 글이 되고 시가 되리라고는 생각지도 않았지만 정작 그것을 모아 책을 엮게 되었습니다. 서투른 글이지만 순수한 마음으로 피력하였으니 굽어 살펴 주시기 바라며 언제나 충고는 달게 받겠습니다.

가끔 여기저기 생각나는 대로 적어 놓은 쪽지를 보고 정말 당신이 시인이 되어 간다고 칭찬하여 준 아내에게 고맙게 생각하고 용기를 얻게 되었습니다.

인생 황혼에 들어서 희수에 시인 김계윤이란 소리를 듣고 이 작은 책자 하나를 간행하게 되니 송구스럽고 부끄럽기 짝이 없습니다. 책을 읽어 주실 모든 분들에게 감사를 드리며 앞으로도 계속 사랑을 위하여, 진실을 위하여, 삶을 위하여 노래할 것을 약속드립니다.

2008년 한여름에

계산 김 계 윤

차 례

■ 머리말 · 3

제 1 부 죽순처럼

섬진강의 봄 · 1 …… 12
섬진강의 봄 · 2 …… 13
죽순처럼 …… 14
눈 오는 春삼월 …… 15
봄나물 …… 16
봄 …… 17
무등산 보리밥 …… 18
보리밭 …… 20
봄감기 …… 21
봄이 오는 소리 · 1 …… 22
봄이 오는 소리 · 2 …… 23
대나무 …… 24
무궁화 …… 26
초승달 …… 27
정월 대보름 …… 28
산수유 …… 30
까마종이 …… 31
여 뀌 …… 32

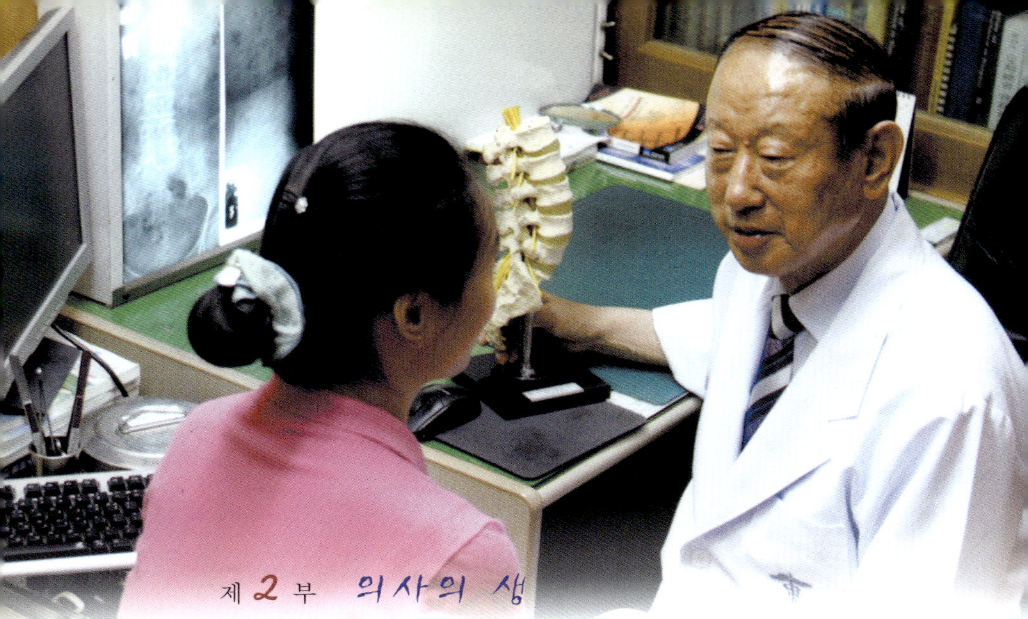

제 2 부 의사의 샘

의사 · 1 …… 34
의사 · 2 …… 35
의사 · 3 …… 36
의사 · 4 …… 37
천사들의 미소 …… 38
종착역은 가까워지는데 …… 40
너무나 소중하기에 …… 42
계산 요양원 …… 43
호스피스 …… 44
백지 그림 …… 45
이슬비 …… 46
겨울의 눈 …… 47
배고픈 다리 …… 48
뒤안길 …… 49
겨울 숲 …… 50
머무를 수 있다면 …… 52

제 3 부 햇빛 속의 청옥

햇빛 속의 청옥 …… 54
소 리 …… 55
꿈에 어린 황룡강 · 1 …… 56
꿈에 어린 황룡강 · 2 …… 57
꿈에 어린 황룡강 · 3 …… 58
향 수 …… 59
청자오리연적 …… 60
청화백자학춤항아리 …… 62
백자상감초화문편병 …… 64
백자상감모란문병 …… 66
청자석류주전자 …… 68
유년의 감꽃 …… 70
갈대꽃 …… 72
가을 곶감 …… 73
소낙비 …… 74
묻고 싶다 …… 75
누워 가는 길 …… 76

제 4 부 당신의 덕

마음속 …… 78
꽃 중의 꽃 …… 79
당신의 덕 · 1 …… 80
당신의 덕 · 2 …… 81
당신의 덕 · 3 …… 82
비둘기 한 쌍 …… 83
살맛 나는 세상 …… 84
내 친구 …… 85
장미꽃 사랑 …… 86
일출(日出) …… 88
실타래 人生 …… 89
웃 음 …… 90
사랑 그리고 행복 …… 91
사랑 하나 …… 92
날 위한 삶 …… 93
하늘이 저 아래 있네 …… 94

제 5 부 비에 젖은 충장로

민요 한가락 …… 96
무등산 연가 …… 97
흥겨운 소리 …… 98
여 름 …… 100
칠석(七夕) …… 101
가을 · 1 …… 102
가을 · 2 …… 103
가을 · 3 …… 104
은행잎 …… 105
갈매기 …… 106
낙엽 길 …… 107
중구절 …… 108
추석(秋夕) …… 109
추석 명절의 고향 …… 110
석 류 …… 111
비에 젖은 충장로 …… 112

제 6 부 정처 없는 여행길

후지산 영봉 · 1 …… 114
후지산 영봉 · 2 …… 116
화산 폭발 · 1 …… 117
화산 폭발 · 2 …… 118
정처 없는 여행길 …… 120
설악산 단풍 …… 121
태풍의 흔적 …… 122
소쇄원 …… 123
한라산 …… 124
월출산 안개 …… 126
백두산 천지 …… 127
성산포 바다 …… 128
마이산 돌탑 …… 129
외도 해상농원 …… 130
하회탈 …… 131
천 국 …… 132

■ 작품 해설 - 김정웅 · 133
■ 발문 - 손광은 · 148
■ 발문 - 허형만 · 156

■ 부록 - 악보 · 165

제 1 부

죽순처럼

섬진강의 봄 · 1

전라도 경상도 경계를 타고
지리산 자락 감돌아
흐르는 섬진강가
수천 그루 매화나무
아지랑이 타고 온 봄물결
겨우내
그리도 그리웠던가.

유난히 빨리
피어오른 꽃 탓에
황량한 땅 민망해
청보리로 대신하고
만개된 매화꽃
눈송이처럼 떨어지는 모습
또다시 날 오라는
손짓인 듯싶더라.

섬진강의 봄 · 2

웅크렸던 겨울은 가고
기지개를 켜는 포근한 봄바람에
봄소식을 알리는 남도의 섬진강
매화와 산수유 꽃소식 전하고
생태계가 살아 있는 맑은 강 따라
지리산에서 전라도와 경상도 경계를 이루네

섬진강 봄기운이 광양의 매화마을을 감싸
눈에 핀 설중매 꽃봉오리 터뜨려
세속을 초월한 절개의 꽃이련가

연분홍 솜사탕 같은 구례 산동마을
노란 물감을 풀어놓은 듯
송골송골 맺혀 있는 물방울
섬진강 봄의 전도사는 산수유꽃 매화.

죽순처럼

행여 속살 보일세라
겹겹이 입은 내의처럼
양복 넥타이 옭아매고
점잖 차린 저 신사여

가식 체면 홀랑 벗고
치심 타심 훨훨 털고
숨김없는 알몸으로
솟구치는 용기로
구름처럼 바람처럼 날으려나

백세주 한 잔
쭈욱 들이켜며
쌓인 회포 풀어놓고
허허 한번 웃어 보소
훨훨 벗어 버린 죽순처럼.

눈 오는 春삼월

겨울 눈이
봄의 품 안으로
나비 되어 날아든다
겨울이 좋아 머무는 걸까
봄이 좋아서 못 가는 걸까
훨훨 타고 미련 없이
훌쩍 떠나도 좋으련만
삼월 하순 흰 눈이
봄을 헤집고 내려온다

조금만 오다가
말겠지 했던 흰 눈 나비는
봄을 알리는 뜨락에
망울몽울 머금은 꽃망울에도
살포시 움트는 새싹 위에도
볼금볼금 움트는
푸릇푸릇한 새싹 위에도
철새를 외면한 꽃샘한파가
의기찬 춘삼월을 알리며
설화꽃으로 대신 피워
봄바람에 이리저리 춤을 추며
흰나비와 눈꽃처럼 잘도 어울린다.

봄나물

동장군이 물러가고
봄 햇살이 시골 마을에 드리우면
움츠렸던 봄나물 고개를 들고
나물 캐는 아낙네들 흥타령일세

시골 장터 어귀 노상에는
봄나물 푸성귀 보따리 보따리가
뜯어 온 나물 꾸러미로 줄을 이어
새삼 봄이 왔음을 실감하네

봄향기 전하는 달래랑 냉이도
저마다 향을 뽐내며 손짓하네
진초록색 하얀 뿌리 냉이가
어린 시절 고향의 맛 추억에 젖네.

봄

산과 들에 돋아나는 새싹들
땅을 뚫고 수줍게
얼굴을 내밀면
싹과 흙은 공동체로 살아가며
흙은 식물의 생육을 도와
몸을 풀어 숨통을 틀고 있다

식물은 땅에서 영양분을 섭취하여
땅에게 다시 돌려주는
서곡을 들으며
봄날 산골에 흐르는 물소리
긴 겨울을 이겨낸 희망찬 속삭임
정녕 봄은 추운 겨울이
출산한 아이련가.

무등산 보리밥

맛과 멋
어우러진
무등산 자락에
백숙 갈비 오리탕
즐비하게 늘어선 먹거리
그중 먼저 눈에 띄는
막걸리와 보리밥 집

식전부터 서둘러 오른 무등산
시장기 돌아 내려온 후
차가운 막걸리
한 사발 쭈욱 들이켜면
맺혔던 땀 사라지고
아리송한 좋은 기분에
계절 따라 바뀐 야채
즉석 만들어낸
싱싱한 겉절이
큰 그릇에 밥 한 공기 턱 부어
무생채 산채나물
고루고루 집어 넣고
얼큰한 고추장과

참기름 약간 떨어뜨려
뒤적뒤적 버무려 비벼 먹는 그 맛
순간 입 안에 군침이 돈다.

보리밭

영하의 추위 속 파릇파릇 생기가 돌아
밭고랑 줄지어 어머니 머리 가름처럼
질서가 정연히 잔설로 녹아내린다.

새록새록 생명력이 솟아나
아련한 추억이 어리어
어린 시절 시골 들녘이 향수에 젖네.

꽁꽁 얼어붙은 땅속에서 죽지 않고
온갖 시련과 고난을 겪으면서
꿋꿋하게 싹틔우는 보리밭은 민족의 저력인가.

봄감기

찬바람 물러가고
삼사월 봄기운이 찾아 오면
솔솔 솔바람에 건조한 공기 미세한 먼지
꽃가루 바람에 날려서
호흡 따라 기관지에 스며 들어
일교차 심하면 증상이 악화되어
콜록 콜록 봄감기 유발하네

손 씻고 마스크하며
개인 위생 철저히 하고
어린이, 노인, 만성폐질환자
미리미리 예방하고 예방주사 맞아
초기 증상 나타나면 병원에서 치료하고
대기오염 꽃가루 황사현상 피하여
감기 물리치고 몸건강 유의하세.

봄이 오는 소리 · 1

실바람 출렁이는
아지랑이 속
얼어붙은 강 헤집고 꽃잎 실어
봄이 오는데
도란도란 물소리 사이로
꽃 희롱하는 봄빛!

저 어두운 땅속에
죽은 듯 숨었다가
얼음 녹아 흐르는
봄 오는 소리 듣고
빙긋이 미소 띠며
이제 마악 틔운
푸릇푸릇
고개 내미는 가녀린 새싹들.

봄이 오는 소리 · 2

백설이 뒤덮은 강산에
계절은 수레바퀴처럼
봄의 문턱에서
미풍에 실려 오는데
훈훈한 봄기운이 옷속을 스민다.

얼고 녹기를 반복하던
산골짜기에
설매화는 향기를 내뿜으며
대지를 감싸고 봄을 재촉한다.

저만치 나앉은 버들강아지
녹아내리는 시냇물 소리에
강남 갔던 제비가
봄 편지를 물고 온다.

대나무

희뿌옇게
펼쳐진 안개 속으로
겹겹이 줄지어
주욱 늘어선 대숲
푸르른 잎 살랑대며
하늘 향해 수직으로
당당히 멋스럽게 뻗어가는데
음식 공예 악기까지……
누구라도 좋아하는
죽순부터 잎 뿌리 나무 수액
어느 것도 버릴 게 없는 대나무
우렁이 넣은 죽순회무침에
댓잎술 한잔 쭈욱!
어느새 침이 꿀컥 넘어간다

성장속도 너무 빨라
속은 텅텅 비었지만
단단한 표피로 녹색띠를 두르고
여름엔 스스로 서늘하게
겨울엔 스스로 따뜻하게
사람의 마음까지도
다스린다는 대나무는

탄성할 만큼
그 쓰임새가
무궁무진하며
대쪽 같은 성품
선비의 기개 상징이렷다.

무궁화

태양 뜨면 피었다
태양 질 때 같이 지는
피고 지고
지고 피고
석달 열흘
반복해서 피는 꽃
무궁무진해
무궁화라네요

오행 뜻한 다섯 잎
붉은 꽃잎, 노란 수술
완벽한 조화로
일편단심 꽃말 안고
소박하고 은은한 향기
우아한 그 자태
함초롬히 머금어
우리 민족성 닮은
손색없는 군자
대한의 꽃
온 세상 무궁화꽃
물결로 출렁이어라.

초승달

어제는 눈웃음친 눈썹
오늘은 잘라놓은
손톱 같은 초승달
하루
이틀
사흘……
날이 가면 갈수록
밝은 빛 찾아들어
희망으로 서서히
차오르는 달아!
휘영청한 보름달
부러워하지 마라.
밝은 빛 가득 품어
터질 듯한 둥근달도
하루
이틀
사흘……
날이 가면 갈수록 달도 차면 기울고
기울다 보면 다시 차오르는 자연 이치
엄연한 우주의 흐름 앞에 어느 강적이
있겠는가?

정월 대보름

상원(上元)이라 정월 대보름
일년 중 첫 보름달 뜨는 날
우리의 세시 풍속에
생생력(生生力)을 바탕으로 한
풍요로움의 상징
대보름달 뜨는 날
약식 오곡밥 지어
이웃과 나눠 먹고
귀밝이술이라며
어른이 따라 주는 술잔
부럼 깨물어 부스럼 막고
묵은 나물 아홉 가지에
아홉 끼니 밥을 먹어
더위를 먹지 않게 한다며
김이나 나물에 쌈을 싸서 먹으면
부(富)를 쌈 싸듯이 모을 수 있다 한다.

안가태평 무병장수
풍농 풍어 기원하는 지신밟기
신명나는 사물놀이로
마을 전체 집집마다
한 바퀴씩 도는 단합놀이
대형 달집에 소원지 걸어 두고
불 피워 빙빙 돌며 소원 비는
이런저런 풍습들을
고스란히 믿어 지켜 왔던
우리 어르신들
전해 오는 그
풍속은 순진하고
아름다움에 젖어 믿어 왔던
그 마음
세월이 흐르고 흘러도
영원히 영원히 간직했으면 싶다.

산수유

지리산
산동 고을
손님 찾아와
봄 알리는
산수유 꽃
봄엔 노오란 옷
가을엔 붉은 옷
신맛 두드러진
앙증스러운
빠알간 열매

해마다 무리 지어
원색으로 피어올라
그늘진 산골 마을
밝게 물들여
단풍보다 요염하고
아름다운 자태로
스산한 바람 막아
포근히 감싼 듯한 산수유
예부터 한방에서 약재로 쓰이는 건강식품.

까마종이

먹달이라 부르는 까마종이
작고 동그란 시꺼먼 열매
제법 달콤한 맛 들어 있어
그 시절 아이들의 간식이었다.

꽃이 작고 색깔도 가지와 비슷해
얼른 눈에 띄지도 않는 나무였으나
까맣게 생긴 열매 한 움큼씩 따먹고
시커먼 입 마주보며 웃음지었던 그 시절.

지금도 한방에서 약재로 쓰이니
어린 시절 장난삼아 먹었던 열매가
마치 알고나 먹은 것처럼 건강에 좋은
자연이 주는 생약을 먹었던 것이다.

* 까마종이 : 가짓과에 속하는 일년초로서 콩알만 한 열매가 새까맣게 여묾. 열매는 식용하고 잎과 줄기는 약초(해열,이뇨)로 쓰임.

여 뀌

질퍽질퍽한 물가에
지천으로 나있는 여뀌
씨가 무거워 날아가지 못하는지
해마다 그 자리에 무성하게 자란다.

그리 이쁜 꽃은 아니지만
지혈 타박상 월경 과다에 잘 듣고
잎이 매운 맛이어서
생선회에 곁들여 먹으면
야릇한 독특한 맛에 입맛을 돋운다.

어릴 적 냇가에 나가
친구와 고기잡이 할 때
여뀌나무 밑에 삼태기를 받혀놓고
위로 올라가서 한바탕 휘젓고 나면
송사리 빠가사리 옴질옴질 들어있어
마냥 즐거웠던 그 시절 새롭다.

* 여뀌 : 마디풀과에 속하는 일년초. 열매는 수과이고 잎과 줄기는 물고기 잡는 데 사용하고 맛이 매워 조미료로 쓰임.

제 2 부

의사의 생

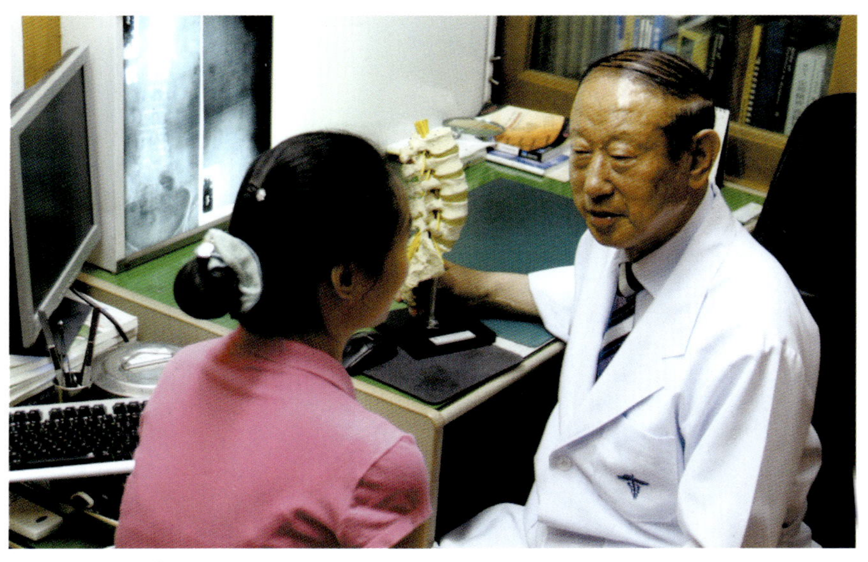

의사 · 1
―호흡을 같이 하며

아픔을 위로하고
슬픔을 달래고
고달픔을 인내로써
천연스러운 비방을 찾는다.

환자의 마음을 열고
숨결의 맥박을 찾아
호흡을 같이 하며
진찰을 시작한다.

어른을 공경하고 부모를 모시듯
부인을 사랑하고 자녀를 아끼듯
내 몸 살피듯 일호의 오차 없이
환자를 보호하고 시술한다.

의사 · 2
—의술을 인술로

천성을 의사로 택하여
타인은 쉬고 있을 때 일을 하고
타인이 병났을 때 치유하며
타인과 기약할 수 없는 무리한 직업
만의 하나라도
환자에게 정성을 다해 치료했으나
상태가 별로 진전이 없을 때
괴롭고 아쉬움에 가슴 조이며
문득문득 고향 산천을 떠올린다.

혼신을 다하는 슬기에서
차마 아니 절박한 마음 가누고
히포크라테스의 정신으로
의술을 인술로 다스리게 된다.

의사 · 3
—의사의 생

아침부터 저녁까지 하얀 가운 걸치고
좁디좁은 공간에서
고통을 호소하는 환자와 가족 위해
하루에도 수백 번 앉았다 섰다
환자의 아픈 상처 어루만지다 보면
정작 내 몸 피고함은 잊어버린다.

새우처럼 몸을 웅크리며 들어오는 환자
가족처럼 내 마음도 함께 아파와
쓴웃음 웃어 가며 오만 정성 쏟아 부어
일평생을 희생과 봉사 정신에서 작지만
큰일 하게 해 준 내 청춘을 묻어둔 방

물처럼 바람처럼 흐르는 세월아!
오늘도 너는 나를 시나브로 떠미는데
아직도 할 일이 많은 나
시린 가슴만 적시어
세월의 무게만큼 내 마음도 무겁구나.

의사 · 4
−의사의 마음

꽃들을 선사하는 것처럼
의사는 언제나 환한 밝은 미소로
고달픈 사람의 마음을 만지며
대수롭지 않은 말 한마디에도
이승과 저승을 오가게 하는 사람

고달픈 환자나 인생에서
마지막 순간까지
손잡아 주고 지켜주는 의사의 마음

의사에게 의지하고 신뢰하는 가운데
병세가 흐트러지고 시들지라도
한 송이 꽃을 위한
꽃받침처럼 밉다 하지 않고
친가족처럼 시들어가는
심상을 어루만지는
하늘이 내게 마련해 준
천사와 같은 의사의 본마음.

천사들의 미소
—장애를 넘은 장한 이들

한때는 남몰래 괴로워서
좌절도 많이 했으련만
어쩜 저리도 티없이 맑게
함박 웃음 웃고 있을까
휠체어 바퀴를 힘껏 굴리며
농구를 하고 탁구를 치고
덩실덩실 춤을 추어
추는 이도 보는 이도
함께 즐겁고 신바람 나게 한다.

팔다리 하나씩 모자라도
창 던지기 수영하기……
두 눈 잃은 장님들
점자로 글을 읽고 쓰며
침술에 안마로
남의 아픔 어루만지면서
불행을 행복으로 바꾸어 놓은 그들
두 손 합해 네 손가락 어린 소녀가
세계로 한국을 알린 피아니스트……

이런저런 장한 천사들
이제는 바보나 놀림의 대상이 아닌

일반인과 더불어 살아가는 세상에서
길 잃은 양 한 마리도 진정으로
사랑하는 사회가 되리라 믿어 본다.

종착역은 가까워지는데
—노인 요양원에서

머얼고도 긴 여행길
종착역도 모르고서
영원하지 않을 삶 망각한 채
앞만 보고 살아가는 인생살이
젊음으로 꽃피웠던 한 시절에
별도 달도 딸 것인 양
호랑이도 잡아올 듯 두려움 없이 활기찬
그 청춘을 밀치며 바쁘게만 살아왔던 삶

흐르는 세월에 밀려 육신이 시들고
그 시든 육신 따라 몰려드는 허무
몸도 마음도 지칠 대로 지쳐
철없던 어린애로 되돌아가버린 어린애
어떤 이 허리가 ㄱ자로 굽어
지팡이에 의지한 채 넘어질 듯
옆걸음치며 애써 걸어야 하고
어떤 이는 치매로 인해 앞뒤 분간도 못한 채
온 가족이 힘들고 지치게 하는 사람
거동이 불편해서 오 미터를 가기 위한
보폭 오 센티미터도 안되는 어설픈 걸음으로
엉거주춤 쪼작쪼작 걷고 있는 어른……
이런저런 갖가지 형태로 찾아온

피할 수 없는 늙음이기에
세월이 무상타며 긴 한숨 몰아쉬고
채워두었던 마음의 그릇 다 비우면서
인연 닿는 대로 살다가
결국 실바람 한 오라기
맘대로 가져가지 못한 채 그냥 그렇게
한 줌의 흙으로 돌아가야 할 생사의 종착역.

너무나 소중하기에

—장애인 재활원에서

정신은 멀쩡해 보이는데
육신의 장애를 안고
육신은 정상으로 보이는데
정신에 장애가 있고
선천적인 장애
갑작스런 사고
난데없이 찾아드는 병마로
불편해하고 괴로워하는
그들을 보면 마음이 저려 온다

너무나 소중한 자식이기에
너무나 사랑한 부모 형제이기에
아픔을 대신할 수 없어 목이 메이고
나를 너로 바꿀 수 없는 비장한 눈물
말로 표현할 수 없는 가슴으로 우는
그늘진 마음에 자라처럼 움츠린 그들

내가 죽어도
네가 먼저 세상을 떠나기 전에는
눈을 감지 못한다는
장애의 아들을 둔 어미새의
눈물 섞인 글이 오늘따라
내 작은 가슴을 여지없이 후빈다.

계산 요양원
—나주장애인 요양원

사회적인 혐오와 소외당하는 환자
신체적 기능이 손상된 중증 장애인
이들이 자유롭게 살기 위한 재활의 터전
여기 세우니 이름하여 계산 요양원

넓게 터진 호남평야 굽이굽이 휘돌아가는
어머니 젖줄 영산강 바라보며
금성산 자락에 한 가닥 자리 잡고
장애인의 보금자리 오만 평의 전당
천사 같은 장애아 교육관에 모여
책 읽고 노래하고 춤을 춘다.

장애 전담의사로 치료의 한계를 초월한
어려움을 봉사와 사랑으로 보살피며
보육사와 장애인이 어울려 살아가는 곳
바로 이곳이 장애인의 요람 계산원.

호스피스

이기지 못할 불치의 병 무겁게 짊어지고
올 것이 온 것인 양 생의 일부를 인정할 적
마감의 정상에 앉은 서러운 이들
단 하루라도 단 일 분만이라도 더 유지키 위해
피곤에 지친 여행자의 휴식처럼
진정으로 우러나는 뜨거운 가슴으로 간호한다.

살아생전 궂은일은 도우미에 정화하고
서로 돕고 용서하는 나눔으로 어루만져
그나마 남은 여생 삶의 질이라도 높여 주어
시들어 가는 몸이지만 시간과 공간을 갖고
차분히 정리하여 여유롭게 머물다가
임종의 그날까지 후회없는 삶이 되어
보낸 이도 편안하게 가는 이도 안락하게
청정의 생으로 마지막 그날이 되도록
헌신적인 사랑으로 보살펴 준다.

가시는 당신의 그 길은
당신만이 가는 길이 아닐 테니까……

백지 그림

백지 한 장 앞에 놓고
상상으로 그린 그림
살갗 스치는 바람도 그려 보고
허공 속 헤매도는
공기도 그려 넣고
땅에서 하늘에서
서 있고 걷고 나는 존재들
차례대로 드러내어
백지 위에 얹어 보네

분주하면서도 한가롭고
한가로우면서도 분주한
알다가도 모를 것만 같은
내 마음도 그려 보고
이런저런 사연 모아
색깔 없이 그린 그림
백지 한 폭 가득 채웠지만
왠지 모를 쓸쓸함 밀려와
그리다가 그냥 접고 말았네.

이슬비

이슬비 보슬보슬 내리던 날
추적추적 정원에 나갔었지

잠자는 나무들 어서 깨라고
발자국 소리 높여 걸어 보았지

갈증 났던 꽃나무 고개를 들고
살랑살랑 춤추며 단비 마신다

새싹들의 움트는 기지개 소리에
매화꽃 벙긋벙긋 꽃 피었네

초여름 산들바람에
향내음 팔지 않은 매실주 담아
고향 옛벗 나와 함께 잔 기울였지.

겨울의 눈

하얀 눈을 내려 주는 겨울 하늘
새벽녘 창문을 열어 보니
온 누리를 깔아 놓은 백의의 천사
경이로움과 신비의 흰옷을 입고
땅 위에 사뿐사뿐 내려앉는다

이 땅에 골고루 내려 주는 선물
하얀 눈은 마음을 정화하고
우리 마음을 새롭게 밝혀 준다.

배고픈 다리

배가 고파서 배고픈 다리
배가 불러도 배고픈 다리
먼먼 옛날에 무슨 사연 있기에
나날이 그리는 배고픈 다리

배고픈 다리 건너 보리밥 집에
푸짐한 산나물 싱싱한 겉절이
보리밥 한 그릇 뚝딱 먹고
막걸리 한 사발 주욱 들이켠다.

배부른 아우성에 신바람 났건만
배고픈 다리는 영원히 영원히
그렇게 배가 고파야 하는가
배고픔을 알고 있듯이 맹꽁이도 슬피 운다.

뒤안길

한 고개
두 고개
수십 고개
넘고 넘어
긴 세월
흐르고 흘러
추억은 쌓이고
푸르디푸르른
자존심 탱탱했던
지나온 뒤안길
뒤돌아
뒤돌아 보니
밖에서 헤매던
그 행복
고스란히
안에서 기다린 것을.

겨울 숲

찬바람은 맴돌아
세차게 가지 흔들고
백설이 분분한
매서운 겨울 산에
화석 같은 얼음으로
뒤덮은 겨울 숲
낙엽과 크고 작은 나무
죽은 듯 고요히 서 있다

메말라 보이는 나무
가만히 들여다 보면
지난 겨울
다 떨어져 날아간 이파리
두고 간 그 흔적에
익살스럽게 미소 품고
부활 꿈꾸는 겨울 숲

버릴 건
다 버리고
봄이 오면 싹 틔울
내일의 행복을
옹골지게 끌어안고

속삭이는 향기로
소리 없는 웃음으로
인내로 인내로 묵묵히
봄의 희망을 기다린다.

머무를 수 있다면

샛강들
흐르고 흘러
강물이 되어
바다를 이루는데
한 많은 긴 세월
흐르고 흐르니
아쉬움만 더해 가네

시간을 쪼갠 듯
바쁘게 살아온 길
후회 없는 삶인 줄 알았는데……
지나온 뒤안길
다시 갈 수 있다면
하고픈 일 너무 많아
마음만 서글프네

생빛 정지되어 있는
석양머리 붉은 노을아
언제 부상에 다시 떠오르려나
가지도 말고
지지도 말고
꺼지지도 말아라
머무를 수만 있다면.

제 3 부

햇빛 속의 청옥

햇빛 속의 청옥

햇빛 드리우면
짙은 초록색을 띠고
아름답게 비추이는 보석

아침 햇살 쏟아지면
유리 광택을 지니며
강렬한 푸른빛을 발산하고
때로는 녹황색으로 변신한다

매우 수려하고 투명한
푸르디푸른 비취색깔
현란하게 스며드는 청옥내음.

소 리

새소리
물소리
바람 소리
싹 트고 잎 자라
낙엽 뒹구는 소리
노고지리 우짖는 소리
이런저런 사연들을
포근히 잠재우는 소리
바람 따라 나부끼는 소리
흰눈 쌓이는 소리

나무가 흔들리는 소리
바다가 춤추는 소리
산골 마을 개가 짖는 소리
아가들의 재롱소리에
울 넘어온 너털 웃음소리
소리를 들어서 슬프고
소리를 들어서 기뻐하니
소중한 두 귀로
소리를 들을 수 있기에
늘 행복할 수 있으리라.

꿈에 어린 황룡강 · 1

높은 산 깊은 계곡
원류의 줄기를 타고
유유히 흐르는 황룡강

어제도 오늘도 내일도
수억 겁을 쉴 사이 없이
흐르고 흘러내리는 강줄기

보리피리 꺾어 불고
송사리 피라미 떼 몰며 물장구치던
그때 그 동심에 어린 황룡강

황룡강 젖꼭지에 입을 대고
증조 조부 아버지의 맥을 이어
나 또한 이 젖줄을 빨며 살고 있다.

꿈에 어린 황룡강 · 2

높은 산맥과 깊은 계곡에서
사철 마르지 않고
유유히 흘러내리는 황룡강

마을 앞에 넓게 펼쳐진
보리밭 너머로 구불구불 휘저으며
우리와 함께 친구가 되어 속삭인다.

어린 시절 강둑을 따라 달리다
옷을 벗어 던지고 강물에 뛰어들어
멱 감으며 물싸움하던 때!

아! 굽이굽이 흐르는 황룡강
뉘엿뉘엿 석양빛에 물장구치던
그때 그 동심은 지금도 저물지 않는다.

꿈에 어린 황룡강 · 3

영산강 상류인 황룡강이
살아 있음을 자랑하듯
새소리 물소리 귀청을 울리며
편안함을 느끼며 한가로이 흐른다.

황룡강가 풀밭에 흰 나비가
꽃잎처럼 하늘하늘 바람을 타고
유유히 흐르는 물 따라
굽이굽이 적신 마음 강물에 기댄다.

전설처럼 지나간 풍요로움을
뒤돌아 푸른 물에 담그고
시인이 생각한 대로 쓰는 대로
때로는 우울하고 때론 즐겁다.

그렇게 사는 것이 사람의 한 생!
저 먼바다 향해서 떠나는 황룡강 물줄기
햇살을 받으며 먼지를 품으며
말없이 한가롭게 영산강으로 흐른다.

향 수

고향은 어머님 품속같이 따뜻하고
풍요로운 자원이 깔려 있어
아쉬움 없이 옛이야기 들려주던
할머니의 체취가 어리는 곳

여럿의 실개천이 합류하여
굽이굽이 황룡강 물결 따라
발가벗고 목욕하며 천렵하던 곳
그리운 사연이 실타래처럼 얽히는 곳

내 어린 시절
허기진 채 뛰어다녀도 마냥 즐거운 들녘
각종 풀꽃이 산야에 피어나고
산새나 짐승들이 우짖으며
온갖 자연의 숨소리가 들리던 곳

때로는 어려운 난관에 부딪칠 때
뜻밖의 시련이 가로막을 때
고향의 순박한 산과 강 언덕이
나를 돌보아 주고 지켜 주던 곳.

청자오리연적

청정한 유색의 세련미
명상하듯 조용한 빛깔
고려청자의
지체 있는 은은함
진실한 순정 표현의 아름다움은
고요 신비 생명 그대로이다.

조형이 복잡한 듯하나
간명하고 순진한 작품이며
귀족의 짙은 성격 묻어
유장하던 상류층 정서로
한 마리 물오리가 한가로이
물에 떠 있는 듯하다.

아기자기하면서도 기품 있고
연꽃 고갱이 입에 물어 순성이 어린 듯
등 위에 꽃잎을 오려 붙인 공기구멍은
물 위의 오리가 숨을 쉬는 것 같은
고려시대 작품 청자오리연적.

청화백자학춤항아리

학이 춤을 춘다
두 다리를 껑충거리며……

학의 탈을 쓴 사람인지?
사람의 탈을 쓴 학의 모습인지?
분간하기 어려울만치
한국적인 흥취가 스며 있다

세 면에 정원의 윤곽이 드러난
원숙한 모습 둥굴리어
그 속에 춤을 추는 학

학을 타고 날아 보고 싶고
학을 거느리고 산거생활을 즐기고픈
고고한 환상 속의 선비도
있을 것이다.

백자상감초화문편병

병 둘레에 이름 모를 풀잎으로
빙글빙글 둘러 그려 놓고
풀잎 한 개 더 넣어 빈 공간 채웠으니
필경 도공들의 웃음이 섞인 듯하다.

앞면 한가운데 큼직한 원 겹쳐 있고
안에 꼽꼽실한 톱니모양 원이 있으며
그 속에 작은 원 두 겹은 무엇을 상징하는지?
흰 자기 위의 조촐한 검정 단색그림.

원추형 높은 굽다리 윗둘레
성큼성큼 새겨진 연꽃잎 같은 무늬는
공손히 받드는 선조들의 선비정신
은은하게 풍겨지는 것 같다.

백자상감모란문병

서글서글한 눈
은은하고 화사한 흰 살갗
가슴에 휘영청
모란 한 송이
흑상감이 너무나도 시원하다.

띠무늬로
병목에 테 둘러 놓고
주저와 굴탁이 없어
천의무봉이란다.

잘 생기기로 깔끔한 멋이 곁들여
조선 초기 문양의 기운을
한 몸에 오롯이 간직한 듯하다.

청자석류주전자

세 개의 석류 모아 앉히고
위에 한 개를 얹은 피라미드 몸체
나뭇가지 형상의 손잡이 구부려
안정되고 자연스러운 이미지.

석류꽃 귀때 부리 근처에
두 개의 잎사귀 붙이고
세 개의 꽃봉오리 중에
한 개의 입 열어 주전자 역할을 한다.

가을에 익은 석류 알갱이
껍질 깨고 튀어나오듯
몸체에 백퇴 화문에 무늬를 찍어
석류 알로 만든 멋진 작품은
고려 도공들의
훌륭한 공예 솜씨.

유년의 감꽃

푸른 이파리
흐드러진 감나무에
무더기로 피는 감꽃

바람 한 몰 지나간 뒤
감나무 밑에
허옇게 떨어진 감꽃을
끄나풀에 줄줄이 꿰어
목걸이 만들어 길게 걸고
보릿대 엮은 바구니에
수북히 주워 모아
놀이삼아 장난삼아
간식처럼 먹고 다니던 그 시절

이파리 꽃 열매
버릴 것 없는
위 간 기침 당뇨에
효험 있다는 감꽃을
먹는 것인 줄조차
모르는 요즘 아이들
백화점에서 사 온

모양 좋고 맛 좋은
고급 과자보다도
더 좋은 건강식인 걸.

갈대꽃

은빛 일렁이는 갈대밭에
선선한 바람 밀려와
꽃물결 이룬다

강렬한 가을 햇살
눈부시게 내리쬐이면
은빛파도 넘실대는 갈대꽃

갈대숲 속으로
이름 모를 철새들만
들랑날랑한다.

가을 곶감

신선한 조석으로
찬 서리 돌고
귀뚜리 맑은 소리
또르르 또르르
귓전에 맴도는 가을

해마다 이맘때면
시골집 처마 밑
땡감 깎아 줄줄이
겹겹으로 주렁주렁
매달아 놓은
주홍빛 곶감은
대대로 이어 온
선조의 가르침
소박한 시골
예술 작품이라네.

소낙비

무슨 사연 저리도 많아
요리조리 부딪치며
줄줄이 눈물범벅
그칠없는 울음인 양
무던히도 통곡하더니
천둥 번개 무서워
숨어 버렸는지
폭포수 쏟은 울음
눈물이 마른건지

어느새
먹구름 걷히고
쑤욱 내민 태양 아래
푸른 잎 더욱 푸르러
우울한 세상
쏴악 씻은 것인 양
소낙비 한바탕 쓸아간 뒤
맑고 깨끗한 그 상쾌함
내 마음도 영원히 비 갠 후처럼.

묻고 싶다

너는
지금
웃고 있는
그 모습이
정녕 행복의
웃음이냐고
아니면
가슴속
고개 숙이며
애써 참고 있는
슬픈 웃음이냐고
이런저런 세상사
더하고 빼고 나면
남는 건
웃음일까
울음일까
묻고 싶다
가다 보면
자연스레
외로워질 인간사.

누워 가는 길

활활
타는 빛
가슴에 품고 와서
아낌없이 태우던 정
세월따라
인연따라
속속들이 굽이마다
구구절절 실타래처럼
태산같이 쌓아둔 정
한번 가면 영영
돌아올 수 없는 길
가시덤불 험난해서
힘이 들어 못 오는지
가던 길 멀고 멀어
지치고 지쳐 못 오는지
갈 때는 편안히
누워 가던 그 길을……

제 4 부

당신의 덕

마음속

가난도 부자도
다행도 불행도
슬픔도 기쁨도
누구의 탓 아니었네
내 안에 있는
내 것이었네

꿈 있고 꿈 없는 자
가난 부자 갈릴 것이며
부정 긍정 엇갈린 자
슬픔 기쁨 나눠질 것이니
현실을 긍정으로
사랑을 배려하여
네 탓 아닌
내 탓으로 길들이면
깊은 가슴 그곳에
보석처럼 숨은
행복이 되어 있다.

꽃 중의 꽃

장미 철쭉
개나리 진달래
목련 난초 백합……
사시사철
피는 꽃들
아름답다 하지만
이꽃 저꽃
다 합쳐도
사람〔人〕꽃만은 못 하더라

고사리 손가락
꼼지락꼼지락
잼잼 곤지곤지
기저귀 차고
뒤뚱 폴짝
음악에 맞춰
비비적비비적
엉덩이 춤추는 아가
어떤 꽃 이리도 이쁠고
꽃 중의 꽃 내 아가야!

당신의 덕 · 1
—내 아내

하늘의 천사 내게 날아와
나 어디가 좋아서
평생을 바치는가?
해바라기 꽃 해 보고 따라 가듯
그대는 날 보며 따라왔지요.

우아하고 아름다운
당신의 미소는
화사한 봄날
따스하게 비춰주는 금빛 광채
그대는 우리 집의 횃불입니다.

내가 모를 가슴앓이 있을지라도
이런저런 내색 않고 혼자 접어 두어
가족 마음 편하게 해 준 그대 있기에
곰삭아 구수한 된장 맛처럼
우리 가족 행복한 건
당신 덕이랍니다.

당신의 덕 · 2
—내 안의 그대

그대는 아시나요?
당신이 내 안에 내 것을 녹였다는 걸
녹아 버린 그 자리에
오직 당신으로 가득합니다.

그대는 아시나요?
나 당신 품에 파고드는 걸
아가들 재롱으로 가득할지라도
나 그 자리 비집고 들어갈래요.

당신과 함께한 세월 어느덧
열 손가락 접어서도 몇 바퀴
곱디고운 당신의 모습
속속들이 깊은 맘!
그대 나를 알고
나 또한 그대를 아니
실주름 틈 사이에
골골이 깊은 정 새록새록 쌓입니다.

당신의 덕 · 3

—그대는 보석

창공에
수많은 별들
모래알같이
맑은 생명
그중에
우리 둘이 만나
반백 년이 흘렀구려

수줍어
부끄러워
얼굴 붉혔던 당신이
천사처럼
내게 날아와
나만의 소유인 줄 알았는데
알고 보니 당신은
하늘이 빌려 준
나의 보석이었소.

비둘기 한 쌍

도심 속 큰길가 가로수에
푸드득 비둘기 한 마리
내려앉더니
사방을 두리번거리며
알아듣지 못할 소리로
한참을 구구거리는데
어디선가 날아드는 또
한 마리의 비둘기와
주고 받고 조잘대며
곡식 한 알 없는
깨끗한 거리에서
무엇인가 듬성듬성 쪼아 먹는다.

지나가는 자동차들 클랙슨 소리
방해라도 하듯이 경적 울리지만
통 큰 비둘기 서로 의지하면서
마냥 여유롭고 행복한 그들 한 쌍.

살맛 나는 세상

소리 없이 웃는 꽃에도
향기가 나고
눈물 없이 우는 새도
소리만은 아름답듯이
산도
들도
바다도
저 나름대로
각자 다른
진한 향기
품고 있으니
내 안에 있는
내 것을
아름답게 승화시켜
둥글둥글 좋은 세상
살맛 나게 살아 보세.

내 친구

세월이 흘러버렸구나
이렇게 많은 세월이
만물이 함께 가는 세월
뉘인들 붙잡을 수 있으랴
잎 푸른 산천초목
절기 따라 피고 지고
시들어 떨어진 꽃송이도
때가 되면 다시 피건만……

수십 년을 함께 살아온
다정했던 내 친구야!
세월 따라 머언 길 간
초행인 그 길이
그리도 멀다던가
그날이 온다더니
자네 가던 그날이
바로 그날이었던가
영영 만나지 못할 영원이기에
더욱 그리워진 내 친구야!

장미꽃 사랑

황홀한 향기
매혹적인 정열로
아름다움 흠뻑 피워 낸 장미여!
허름한 울타리 감싸느라
그토록 아름답게 피었느냐
가시 돋친 아픔 숨기려고
그리도 예쁘게 피웠더냐
너무나 아름다운 빠알간 장미여!

향기 속에 숨은 가시여!
그 아름다움 지키려고
잎새로 가시 숨겨 두었더냐
나
너의 가시 박힌 아픔까지도
보듬어주고 사랑할 테니
한결같은 향기로
그 고운 빛 아름다움으로
무성한 덩굴 무성한 꽃
해마다 해마다 그 자리에
싱그럽고 아름답게 피워 다오.

일출(日出)

수평선 끄트머리
머리만
빠끔히 내미는
이제 마악
잠에서 깨어나는 태양

추울렁
바람 동행한 파도는
버얼건 엉덩이
처얼썩 후려
바다 위로
태양을 쑤욱 밀어 올리누나

두둥실
허공에 뜬 태양!
수정처럼 맑은
장엄한 그 모습!
또 구르르
구를 것만 같은
그 찬란한 아름다움을
초록 바닷물에
화살 빛으로 쏘아댄다.

실타래 人生

찬란한 외로움 가슴에 차고
쉴 줄 모르고
멈출 줄 모르는
시간 속 강줄기에 묻혀
보이지도 않고
잡히지도 않은 흐름 속에
살다 보면 누군들
마르고 젖은 날
없으리오마는
얼기설기 맺힌 가슴 아름답게
서글픈 맘 두지 말세.

미운 정 고운 정
쌓이다 보면
깊은 정 스며들고 말거늘
이 세상 어느 만물
스승 아닌 것 없다는데
잘함도 못함도 스승이거늘
실타래 풀듯 풀며 살세

누구나 잠시 쉬었다 가는 삶이거늘
그렇고 그렇게 찬란한 슬픔으로 사는 人生이거늘.

웃 음

호호 하하 너털웃음
실컷 한바탕 웃고 나면
세상 시름 다 날아간 듯 뻥 뚫린 가슴
마음도 여유로워 기분이 좋아지고
태어난 그날부터 남녀노소 누구라도
스승 없이도 배울 수 있는 신비의 요행

삶의 기교를 빼놓을 수 없는 웃음은
신체의 일부를 변화시켜
환자에게는 통증 완화를
사회인은 스트레스 감소를
긍정적 생각으로 마음에 평화를 주고
성공의 문에 다리를 놓아 주어
낯선 상황에도 쉽게 친근해지는
묘약 중의 묘약

윤활유 같은 생리적인 웃음
억지라도 한바탕 크게 웃어 본다면
유용한 엔도르핀이 발산하고
던져도 되돌아오는 부메랑처럼
즐거움 안고 주인에게 돌아오니
예쁨을 가득 품고 있는 웃음이야말로
인생이 살아가는 최대의 가치 추구.

사랑 그리고 행복

오가는 세월 속에
나를 만들어 가고
날으는 구름에서도
향기를 느끼며
낮은 곳에서
진정으로 사랑할 수
있음을 알았습니다.

사랑을 하다 보면
주고주고 또 주고
퍼부어 줘도
주는 마음 더 행복해
그러고도 더 줄 게 없나
머뭇거려집니다.

서로 웃고
사랑하기에도
짧은 시간이기에
다시 찾을 수 없는
소중한 오늘 하루
후회하지 않을 만큼
조심스러운 사랑의 꽃
한 송이 한 송이 피워 가렵니다.

사랑 하나

사랑!
더함도
덜함도
원치 않습니다.
목마른 자에게
듬뿍 퍼줄 수 있는
그런 사랑이면 됩니다.

눈물도 한숨도
훨훨 타는 불도
꽁꽁 얼은 얼음도
궂은 것 다 녹이고
아닌 것은 품어 안아
행복으로 출렁거릴
애뜻한 큰 사랑
그런 사랑 하나면 됩니다.

날 위한 삶

자신의 몸을 녹여
환한 빛을 주는
촛불을 보라
밤하늘에 수많은 별들
그중에 나!
나의 삶!
진정 무얼 위한 건지
알 듯 모를 듯 현실 속에
오늘도 저 서산 해는
저물어 저물어 가는데……
자신을 희생한 밀알
자신을 썩힌 거름
쉬울 것 같으면서도
어렵기만 한 것은
제일 가까운 곳에 둔
작은 나의 마음
한 떨기 화사한 꽃보다는
그 꽃이 잘 피울 수 있는 거름이 되리라
남을 위한 선은
바로 나를 위함이니라.

하늘이 저 아래 있네

창공 높은 비행기에서
위를 봐도 하늘이요
아래를 봐도 하늘이다.

지나가는 구름들은
벙긋벙긋 솜꽃을 피워서
어느 것은 사람 모양
어느 것은 동물 모양
연기가 피어오른 듯한 기둥이
우뚝우뚝 장엄하게도 세워져 있다.

위에도 구름
아래도 구름
하이얀 솜털 같은 구름
좌~악 펼쳐 놓은 창밖을 보면
문득 창문 밖 구름 위로 덥썩 뛰어내려
눈부신 구름 위에 大자로 눕고 싶어라.

제 5 부

비에 젖은 충장로

민요 한가락

마을 앞
당산나무 밑에
옹기종기 모여 앉아
으으응 으으응
어흐으으 흐으으
우리가 살면은
몇백 년이나……
흥얼흥얼 한풀이로
늘어지게 뽑아내는 소리
들릴 듯 말 듯 부르는
콧노래 위안 삼아
세상사 힘들어도
굽이굽이 지혜롭게
잘도 견뎌냈던 님들의 얼
가사 박자 뒤엉켜도
봐주는 이 없어도
새끼줄 꼬는 남정네
보리방아 찧는 아낙네
가슴 뭉클한 그 소리 속에
서민의 심성 생성되어
민족성이 배어 있는
애절한 그 소리야말로
진정한 참 민요 우리의 가락.

무등산 연가

등이 없어 무등산이련가
등급이 없어 무등산이련가
높낮음이 평등하고 포근한 산

우거진 산자락을 감돌아
오르고 또 오르면 산장의 보리밥집
사시사철 시끌벅적 웃음소리

너랑 나랑 철퍽 앉아 수다 풀어놓고
보리밥에 막걸리 한잔 기울이니
아등바등 살아온 나날 갈바람에 날아가네

계곡물 골골이 시원스레 흐르고
산새들은 쉴 새 없이 우지짖는
무등 무등 무등산아 널 보면 황홀터라

서산에 걸친 저 해는 집에 가라 재촉하고
갈대꽃은 나 오라 부르는데
얼싸 얼싸 놀다 보니 아쉬움만 남는구나.

흥겨운 소리
―농악 소리

꽹과리 징 북 장구
꽤갱꽤갱 꽹꽹
징~징~징
둥둥 도동도동 둥둥
언제 어디서든지
이 소리만 들으면
얼쑤 얼쑤 좋다 하면서
남녀노소 할 것 없이
어깨가 저절로 들썩들썩
박자 몸짓 따로 노는
보릿대 춤이라도 추고 싶어진다.

농사밖에 모르는 시골 사람들도

사진 찍자고 하면
뻣뻣이 굳은 자세로 서 있으나
농악 소리만 들으면
누가 시키지 않아도
봄날 양지쪽 눈 녹아내리듯
슬슬 몸이 풀리고
거기에 술 한잔
쭈욱 마시고 나면
고유의 맛과 멋의 신명은
덩실덩실 더덩실
어허 절씨구 더덩실
흥에 취해 자연스레
흐드러지게 어울리게 된다.

여 름

여름은 온갖 식물이 왕성한 계절
동식물뿐 아니라 미생물까지도
뜨거운 태양과 충분한 강수량으로
나무와 풀에서 시골 정취가 어려 있어
고향마을 뒷산에 얽힌 추억과
어릴 적 고향 친구와의 향수에 젖는다

뭉게구름 소나기 스친 여름 하늘
구름에 꿈과 추억을 실어 띄우는 듯
사람에게는 밝게 비치는 꿈을 실어 주고
식물에는 힘찬 성장을 돕고
소나기는 대지를 청소하며 여름을 장식한다.

칠석(七夕)

삼베잠방이 밑으로
칠석날 모깃불을 피해
따끔따끔 모기들이 쏘아 댄다

은하를 사이에 두고
동쪽 추좌(鷲座)의 견우성(牽牛星)과
서쪽 금좌(琴座)의 직녀성(織女星)이
오작교(烏鵲橋)에서 만나는 오늘

어느덧 빗방울이 맴돌아
직녀와 갈라서는 견우의 슬픈 눈물은
올해도 넘실대는 은하의 강물……

가을 · 1
—가을 문턱에서

옥타브 음반 위에 선율을 타는 매미
숨 막히는 여름을 따돌리고
서서히 퇴각령을 부른다.

청남색 드높은 하늘은
산들거리는 가을바람 안고
온 누리에 철새 꽃씨를 뿌린다.

단풍잎으로 피리 만들어
구슬프게 울어대는 귀뚜라미
바로 내 문설주에 서성인다.

가을 · 2

아침 저녁 소슬한 바람 스치고
풀벌레 소리 귀뚜라미 울어댈 때
가을은 정녕 우리 곁에 와 있다

무성한 잎들이 노랗게 물들고
오곡백과 풍요를 다질 때
가을은 우리 가슴속 깊이 파고든다

국화 향기 천지를 진동하고
검붉은 단풍은 청산을 불태우며
황금벌에서는 겨울을 재촉한다.

가을 · 3

과일이 무르익는
청맑은 하늘
시원한 바람결에
귀뚜라미 소리
또르르 또르르
귓전에 맴도는 가을

해마다 이맘때면
시골집 처마 밑에
땡감 깎아 줄줄이 겹겹으로
주렁주렁 매달아 놓은
주홍빛 곶감

대대로 이어 온
소박한 시골 집집마다
부업으로 맞이하는
예술 작품이라네.

은행잎

스산하게
불어온 바람에
놀란 은행잎
우수수수 쏟아져
노랑나비 되어 날린다

수북히 쌓인 잎사귀에
덮인 발 질질 끌어
그대와 둘이 거닐며
짜릿한 정 나눈
황홀했던 가로수길

잎사귀 하나
책갈피에 끼워 두고
행복해 했던 추억 다듬어
지그시 눈 감고
실미소 지어 본다.

갈매기

윙윙 불어대는
마파람에
흰거품 토해 내어
은구슬 이룬 파도 위에
운집하는 갈매기 떼

봄 햇살
넘실대는 바닷살에
어디선가
날아드는
갈매기 한 쌍

파도 장단에 맞추어
오르락내리락
끼룩끼룩 노래하고
곡예하듯
춤을 추는 갈매기.

낙엽 길

강렬한
가을 햇살에
곱게 물든 단풍
길가의 가로수
고운 옷
갈아 입더니
한 잎 두 잎 낙엽되어
바람 따라 날리고
뒹굴다 뒹굴다
지친 낙엽
자리 잡아 누운 곳에
불꽃 정열 태워
히히덕거린 젊은 연인들
푸석푸석 낙엽 길
한 발 두 발 걸으면서
고이고이 숨은 사랑
속내 풀어헤치네.

중구절

황금물결이 넘나들면
오곡이 풍성한
가장 살기 좋은 중구절

봄, 여름
씨 뿌려 가꾸어서
알알이 거둬들이는 구구절(음 9월 9일)

맑고 드높은 가을 하늘
풍작을 만끽하는 농악 소리
구름과 함께 두둥실 메아리친다.

추석(秋夕)

한가위 달밤을 망월(望月)이라 하였는데
그 달빛 속 토끼는 방아를 찧는 듯하고
선녀는 계수나무에서 그네 뛰는 듯하다

팔월 대보름
반달 송편과 햇과일 푸성귀 갖추어서
온 가족 함께 모여 차례 지낸다

선대 조상 산소부터 참배하고
가까운 가족장에 와 인사드리고
조상 찾아 성묘 길엔 보람 느낀다.

추석 명절의 고향

어릴 적 꿈 많은 청소년 시절
언제나 신선함과 설렘으로
민족의 대명절을 반긴다

지금은 온갖 불편과 고통을 무릅쓰고
고향에 대한 향수에 젖어
고향을 찾는 민족의 대이동을 이룬다

풍요롭고 그리운 고향 명절
소중한 이웃들 친척들과 만나
힘들었던 인생 역경 회상케 한다

고향은 잊고 지냈던 시절의 명절
인간의 마음을 더욱 풍족케 하고
생활에 지친 삶을 재충전시킨
마음속에 머무는 어머니의 아늑한 품속.

석 류

나지막한 나무에
듬성듬성 매달린 석류
홍 보석 밤새
알알이 잉태해
촘촘히 포개어
숨막힌 속내
가슴 반쯤 열어
날 오라 유혹한다

하나 뚝 따서
쫘아악 쪼개어
양손에 들고
한입 크게 벌려 가득 넣고
움질움질 눈 윙크하니
단맛 신맛 버무려진 침
턱밑으로 주르르르……

비에 젖은 충장로

밤낮을 가리지 않고
북적이는 인파로
젊음이 춤을 추는
광주의 중심 충장로

비를 맞아도 식지 않는
꽃잎처럼 휘황찬란한 불빛
비와 함께 어우러져
충장로의 밤 촉촉이 젖는다.

골목마다 반짝이는 불빛
네온사인 화려한 춤을 추고
연인도 친구도 손잡고
싱그러운 젊음을 노래한다.

눈부신 야경에 취하고
싱싱한 젊음에 또 취하고
활기찬 아름다운 모습에 반해
가던 길 멈추고 우두커니 서 있다.

제 6 부

정처 없는 여행길

후지산 영봉 · 1
—후지산 등산을 마치고

하늘 맞닿은
후지산 영봉
시즈오카현의 정강현
야마시현의 산리현
남부에 걸쳐 있는 성층화산
북쪽 나가조를 시작으로
노고야까지 이어지는
현무암을 주요 성층으로 한
끝없이 펼쳐진 아름다움
찬란하고 신비로운
일본의 상징인 최고봉이며
후지화산대의 주봉이란다.

해발 삼천칠백칠십육 미터
그중 이천사백 미터를
자동차로 오를 수 있는 곳
산 중턱에서 내린 우리는
울창한 녹색 숲을
서서히 뒤로 미루고
구름 덮인 산 정상에
지름이 칠백구십이 미터
깊이 이백 미터의
거대한 절구 모양의 분화구를 찾아
구름섶에 파묻혀
서서히 오르고 있다.

후지산 영봉 · 2
—후지산 등산을 마치고

원추화산 신비 찾아
하늘 향해 오르다 보면
부족한 산소 탓에
누렇게 뜬 얼굴들
숨이 차서 헉헉이며
서로서로 마주보고
지쳐 있는 일행에게
힘내라 위로하듯
실눈 지그시 떠
작은 미소 지어 보네.

무거운 걸음걸음
조심스레 한발 한발
깊은 숨 몰아쉬어
정상에 올라 보니
널려 있는
화산재 위를
나는 구름
일본의 상징
후지산 최고봉 땅에
내 육신 철퍼덕 풀어 본다.

화산 폭발 · 1
—일본 아소산에 다녀와서

하늘 향해
치솟는 분화구
무시무시한 큰 입 벌리고
아름다운 자연 송두리째
삼켜 버렸을
그 모습 상상해 보며
지그시 눈을 감는다.

분출된 화산재
산사태로 생긴
유동체와 파편들
시속 사백 킬로미터의
빠른 속도로
철을 자르는 도구인 양
거대한 바위를 파괴하며
물과 더불어
휩쓸어 내렸다는
그 자리는
마치 진흙으로
검은 죽을 끓여서
온 산에 퍼부어 놓은 듯싶다.

화산 폭발 · 2

누구도
가까이 하지 못할
저 산 아래
아직 모락모락
연기를 피우며
흐르고 있는 용암
마치 용광로에
철물이 녹아 쏟아지는
모습과 흡사했다.

굳고 굳어
갈라진 그 땅에도

잿빛으로 말라 쓰러진
나무 사이사이에도
이름 모를 야생화
싹 틔우고 꽃을 피우는
아름다운 풍경이 벌어지는
아~!
자연의 신비롭고 질긴 생명력!
차돌처럼 굳어 있는 그 속에서
신비롭게 태어나는
새 생명을 보존하기 위해서인지
그 지역의 식물이나 흙에 손을 대면
삼 년의 불운이 온다는 설이 돌고 있다.

정처 없는 여행길

명예 욕심 재산 가진 것 다 버리고
무엇을 보기 위해 무엇을 얻기 위해
일상에서 벗어나 먼 길 떠나는 나그네일까

옛날 같으면 엄두도 내지 못할
마음속 간직한 미지의 세계인데
교통이 좋아진 오늘날 마음만 먹으면
어느 때고 사뿐히 떠날 수 있는 지향길

모든 것을 비우고 신선처럼 훌훌
산과 바다 나무와 새들이 노래하는
자연을 벗 삼아 속삭이고 공명하며
마음 닿는 대로 발길 가는 대로 정처 없는 여행길.

설악산 단풍

설악산 골짜기마다
기암절벽 솟구치고
암반 타고
흘러 흘러
쏟아지는 옥빛 물

일일 고도 50미터씩
내려온다는
설악산 단풍은
대청봉에서
외설악 소공원까지
시월 한 달 다 가도록
오색 향연 펼치는 풍성한 자연 속

계곡 맑은 물에 비추어
풍화되어 있는
형형색색 아름다움!
그 모습에 취해
방방곡곡에서 찾아든
등산객과 탐방인으로
인산인해 이루는
천하의 절경 설악의 단풍.

태풍의 흔적

간밤에 유령처럼
무섭게 울부짖던 태풍
수십 년을 자라 온
큰 나무가 부러지고
가로수는 뿌리째 뽑혀
듬성듬성 누워 있어
한바탕 전쟁을 치른 것 같다

지구를 다 쓸고 간 듯한
광란의 태풍 속에
커서 피할 수 없었던 나무는
가지가 꺾이고
송두리째 뽑혀진 뿌리
키가 작은 수목과 풀잎을 보며
눈을 감고 무사함을 빌어 본다.

소쇄원

무등산 기슭
조선 중기 별서 정원
사적 삼백사호 소쇄원
담장 밑 맑은 계곡
험한 바위 타고
굽이쳐 흐르고 흘러
대나무 수로 지나
작은 연못 위에서
폭포로 떨어진다.

죽림 노송 느티나무 단풍
산수화 같은 원림
외나무 다리 건너
광풍당 제월당
계곡가에 아담한 정자나무
소쇄원 구석구석 이름 붙여
기라성 같은 당대 선비들
자연을 벗 삼아
시(詩)를 벗 삼아
제월당 김인후의
사팔영시와 같은
시(詩)를 지어 읊었던 그 흔적.

한라산

푸른 바다 빙 둘러
출렁이는 제주에
은하수도 당길 듯
일천구백오십 미터
우뚝 솟은 한라산

촉촉이 젖은 이슬
풀섶에 앉을 적에
아침 공기 어우러진
야생초 속 산자락에
플래시 불 밝히며
조심스레 오르네.

벌써 오른 등산객
야호 소리 메아리치고
숲 사이로 비친 하늘
정상일 듯 하련만
오르고 오르고
또 올라도
갈 길은 아직 멀어
풀밭에 철퍽 앉아
배낭 풀어 요기하고
서서히 오르다 보니
움푹 패인 백록담
거대하게 펼쳐졌네.

월출산 안개

연기처럼 피어오른 월출산 안개
산허리 칭칭 감아
머리 풀고 오르더니
천황봉에 자리 잡고
한나절을 놀다가
차례대로 날아가
짙은 구름 산 이루고
하늘 맞닿은 다리를 놓아
산도 하늘
하늘도 산
분간하기 어렵네.

저 산마루 허공에
둥실둥실 떠다니는 선배 구름들
옛 추억 그리는지 안개 산 바라보고
깨어진 조각구름만
붙였다 떼었다 장난질하며
가다 말고 그 자리에
머물러 있네.

백두산 천지

고산 구릉지의 초원 지대
노오란 제비꽃 들국화 널려 있고
자줏빛 하늘발톱 군락에
관광객의 시선을 사로잡네

청옥빛 출렁이는 초원을 지나면
거대한 물보라 우레 같은 폭음으로
내리꽂히는 장백폭포
천지연에서 흘러내리는 68미터 물줄기
참으로 장관을 이루네

화산석 가파른 오르막길 지나
짙은 구름 강풍 폭우가 몰아치더니
언제 그랬냐는 듯 안개 멈추고 햇살 드리우면
신비의 백두산 천지 환히 비치는 얼굴

범접할 수 없는 선경이여
천문봉 철벽봉 화산석의 너덜 지대
달문이 신비의 천지를 감싸네.

성산포 바다
ㅡ제주도 조약돌

푸르디푸른
하늘 아래
거울처럼 비치는 바다
녹음 사이로 출렁이는 짙푸른 물결
바람 앞에 몽우리 진
수평선 바라보며
갯돌 한 움큼 주워
비비적거려 본다.

파도에
씻기고 씻겨
반질반질
매끄러운 조약돌
두고두고 보고 싶은
아름다움이라지만
기나긴 세월 울어울어
인내로 이루어 낸
고난의 흔적인 것을.

마이산 돌탑

신비의 마이산에
무량수 돌을 모아
일천팔백팔십오년부터 칠십 년에 걸려
이갑룡 처사
한 사람의 힘으로
음양 오행의
팔진도 법 조화로
배열되었다는
팔십여 개의 돌탑은
불가사의한 신비의 절경

아래서 위로
위에서 아래로
아니면 반만 쌓아 올려서
남은 반은 위에서 아래로……
눈을 감고 고개를 갸웃거려
곰곰이 생각을 해 봐도
이도 저도 모를 일
모진풍파 시달려도
원추형 외줄 모습 그대로
묵묵히 하늘 우러러 서 있는
끝 모를 의혹 품은 탑군들의 역학은
애당초 조성부터 신비로운 돌탑이다.

외도 해상농원

외도 해상농원
사만 평 훨씬 넘은
그림 같은 섬 안에
이창호 최호숙 부부의
삼십년 넘어 공들여
정원으로 가꾸어 이룬
섬 사랑 식물 사랑이
듬뿍 노출되어 있는 섬

열대 한대 식물들
고루 갖춘 수목원에
사랑의 거름으로 윤기 자르르르
이국적 풍물 자연
함께 어우러져 빛이 나는 이파리들
지중해 연상시킨
건축물과 기암절벽

꽃길 거닐어 오르고 올라
굴속 같은 달팽이 건물
빙빙 돌아 전망대 오르니
꽃과 바다 어우러져
보고 보고 또 봐도
환상적인 아름다움.

하회탈

익살스럽게 이지러진 눈
거추장스런 권위 따위는
애당초 멀리하고
막걸리 한잔 얼얼한 듯
소박한 풍자만이 흐르더라.

양반 선비 부네 이매 할미 각시 초랭이
이름도 가지가지 모양도 가지각색
그중 제일 먼저 눈에 띄는 양반탈
감아 버리듯 내리쳐진 눈웃음 보면
나도 몰래 피식피식 웃는다.

어쩜 참을 수 없는 것을 참아 냈던
봉건 체제 신분 낮은 사람들의
한풀이 놀이에 하회탈 덮어쓰고
양주산대, 봉산 탈춤 핑계 삼아
저절로 나온 신명 빌려 말문 연다.

쉬이 양반이 나오신다.
노퇴 재상으로 계신
노론 소론 양반인 줄 아지 마오.
하며 덩실덩실 춤추며 썼던
안동 하회·마을에 전해지는 고려 시대의 유물.

천 국

—해금강

바람에 다듬어지고
파도에 씻기어진
천혜의 기암 절경 해금강

푸른 물 쏴아 쏴아 가르며
유람선을 타고
확 틔인 맑은 공기 듬뿍 마시며
갑판대에 서 있는 나
파도는 갑판을 씻고
씻은 물은 날 때리는데
깔깔대는 나

부서지는 은빛 포말
끊임없이 일고 일어
바위 하나 나무 하나
조각 같은 절경을
입담 좋은 선장님
흘러간 옛 노래
구수한 안내로
히히 하하 즐기다 보니
이곳이 바로 천국일세.

■ 작품 해설

향수(鄕愁)에 어린 시어(詩語)와 인류애(人類愛)
—계산(桂山) 김계윤(金桂潤) 시인의 시세계

金 正 雄

(詩人 · 文學評論家 · 世界詩硏究會 會長)

1.

아호(雅號)가 계산(桂山)으로 계수나무 계(桂)자와 뫼 산(山), 함자는 계윤(桂潤)으로 역시 이름의 첫 자가 계수나무 계(桂)에 다음 자는 젖을 윤(潤)자로서 윤달윤 앞에 삼수변이 있으니 성근스런 마음으로 물을 공급하여 계수나무를 크게 성장시키는 쌍합이 들어 있어 화합과 융성하는 뫼〔山〕같이 단단한 기반 위에 높이 솟아 승리를 상징하는 계수나무(월계관)가 되어 있다.

이와 같이 계산 김계윤 사백은 잠시도 쉬지 않는다. 의사로서 환자를 돌보아야지, 국제 봉사 단체와 청소년 선도, 장애인 복지 및 불우 이웃 돕기, 서석문화 축제, 계산 장학회, 장학금 및 성금지원과 종친사업 등 하나하나 실천하는 그 갸륵한 정성에 영원인들 불금하리오! 천성으로 타고난 성품의 소유자다.

의술(醫術)을 인술(仁術)로 다스리는 그 오묘한 슬기와 명징한 진리(眞理)에 그치지 않고 인생철학(哲學) 역사(歷史) 예술(藝術) 문학(文學) 스포츠 문화재(文化財)까지 섭렵하여 의전문헌(醫典文獻)으로 인생지침서(人生指針書)로서 과히 손색이 없는 한국의 "시바이쩌(人道의 전사)"라고 할 수 있다.

계산 김계윤 사백과 처음 만남은 2002년 초여름 아운(雅芸) 김일례(金一禮) 시인이 승용차로 나의 집 앞에 세우고 귀한 손님을 모시고 왔다 한다. 알고 보니 20년 전에 본관(本貫)의 김해김씨 대동보를 할 때 회장을 하셨던 분이다. 그러나 새삼 뵙고 보니 더욱 친절감이 앞선다. 모시고 온 동기는 문학을 하려고 하는 뜻이 깊게 깔려 있었다. 그때부터 계산 김계윤 사백은 문학에 심취하여 수필과 시로써 문학전문 월간지 〈문예사조〉에 등단하게 되었다.

계산 김계윤 사백은 "仁術과 奉仕로 흘러간 세월"이라는 고희(古稀) 문집에서 오직 병원과 사회봉사를 위한 삶! 열과 성을 다하고 사랑과 봉사를 통해 뜨거운 정을 나누며 살아온 인생살이, 평소 근면 성실 봉사의 생활 신조 아래 양보하는 인생(人生), 손해 보는 인생으로 살다 보니 모든 것이 자연스럽게 잘 풀리므로 이것이 인생의 순리가 아닌가 하는 철학을 말하였다. 또한 이러한 에세이도 발견할 수 있었다.

- 어려움이 닥쳐올 때 추억하는 고향산천 〈어린시절〉
- 값진 선물보다 정성 어린 대화를 〈논설문〉

• 제1회 선도대상을 〈수상 소감〉

• 영암 종합병원 개원 등 문학적인 소재가 풍부하였었다.

계산 김계윤 사백은 심성이 곱고 인품이 고아하며 남을 먼저 배려하고 불우한 이웃에게 봉사와 헌신하는 휴머니즘(인본주의)이요 젠틀맨(신사)이시다.

계산 김계윤 사백은 그간(6년) 꾸준히 습작을 하여 99편의 원고를 가지고 희수(喜壽)에 이르러 첫 시집을 내겠다고 해설을 부탁해 왔다.

2.

이 시집 6부 중 제3부 "햇빛 속의 청옥"편에서 따낸 것이 이 시집의 제목 〈꿈에 어린 황룡강〉이다.

시집 제1부 "죽순처럼"은 이 시집의 서장을 펴는 첫 계절의 소식이 7편으로 주를 이루며 대, 죽순, 초승달, 정월보름달, 보리밭, 보리밥, 무궁화, 산수유, 까마종이, 여뀌 등 주로 순서와 서열을 새로 시작하는 봄과 열매, 달, 보리밥 등 자연을 노래하고 있다.

제2부 "의사의 생"에 있어서는 별로 평탄치만은 아닌 고난과 역경을 감내하면서 화자(김계윤 시인)는 고달프면서도 환자를 즐겁게 해 주는 의사의 덕목으로써 4편의 의사의 마음과 장애인, 재활원, 천사들의 미소, 호스피스, 노인요양원, 계산요양원 등 환자를 돌보고, 노인들의 요양원인 5편의 시와 백지 그림, 머무를 수 있다면, 이슬비, 배고픈 다리, 뒤안길, 겨울의 눈, 겨울 숲 등 절기와 자연으로 저물

어 가는 인생에 생의 부활과 꿈을 심어 주고 있다.

제3부 "햇빛 속의 청옥"은 향수에 어린 동심의 세계가 무한히 펼쳐지는 이 시집의 주제 시 "꿈에 어린 황룡강" 등 향수 시가 4편이며 유년의 감꽃, 햇빛 속의 청옥, 소리 등 3편과 평소 예술에 깊은 관심이 있어 그림과 도자기를 많이 수집하여 그 도자기와 그림을 꿰뚫어 해석한 청자오리연적, 청화백자학춤항아리, 백자상감초화문편병, 백자상감모란문병, 청자석류주전자 등 5편과 갈대꽃, 가을 곶감, 소낙비, 묻고 싶다, 누워 가는 길 등으로 자연과 절기를 예찬한다.

제4부 "당신의 덕"에서는 마음속, 꽃 중의 꽃, 당신의 덕 · 1(내 아내), 당신의 덕 · 2(내 안의 그대), 당신의 덕 · 3(그대는 보석), 비둘기 한 쌍, 장미꽃 사랑, 사랑 그리고 행복, 사랑 하나 등 9편의 시로써 아내에 대한 구구절절한 사랑 노래와 살맛 나는 세상, 웃음, 날 위한 삶, 일출(日出), 실타래 人生, 하늘이 저 아래 있네, 내 친구 등 8편의 시로써 살아가는데 향수에 어린 동심에서 인본주의를 형상화해 간다.

제5부 "비에 젖은 충장로"에서는 우리나라에서 가장 좋은 절기가 가을이라고 하여 오곡백과가 풍요롭고 천자만홍이 드리운 하늘 높고 꽃과 단풍의 계절을 예찬하는 가을 3을 비롯하여 추석 명절의 고향, 추석, 석류, 중구절, 은행잎, 낙엽 길 등 가을삼매경에 이른다. 따라서 제5부의 시제 "비에 젖은 충장로"와 여름을 지나 七夕과 민요 한가락, 흥겨운 소리(농악소리), 무등산 연가 등 역시 가을을 반주하는

서곡이 잔잔히 흐르다.

이 시집의 마지막인 제6부 "정처 없는 여행길"에서는 화자가 머물고 있는 거주지가 아니고, 전부 타지 국내 나들이나 해외 여행에서 천국(해금강), 소쇄원, 월출산 안개, 마이산 돌탑, 하회탈, 백두산 천지, 외도 해상농원, 한라산, 설악산 단풍, 성산포 바다, 후지산 영봉1·2, 화산 폭발(일본 아소산) 1·2, 태풍의 흔적 등을 감상한 시어들이다.

3.

그러면 이 시집 제1부 "죽순처럼"을 살펴보면 18편의 작품이 수록되어 있다.

모든 사물이나 셈을 시작할 때는 1에서부터 시작하듯이 화자 역시 봄을 예찬하는 것은 4절기 중 봄이 제일 먼저 오기 때문에 섬진강변에 봄이 오는 소리를 들으며 산수유 꽃이 피는 사이에 청보리밭을 거닐어 보고 보리밥을 음미하며 뾰쪽이 내미는 죽순을 상기하는 대쪽 같은 성품! 선비의 기개를 상징한다.

행여 속살 보일세라
겹겹이 입은 내의처럼
양복 넥타이 옭아매고
점잖 차린 저 신사여

가식 체면 홀랑 벗고
치심 타심 훨훨 털고

숨김없는 알몸으로
솟구치는 용기로
구름처럼 바람처럼 날으려나

백쇠주 한 잔
쭈욱 들이켜며
쌓인 회포 풀어놓고
허허 한번 웃어 보소
훨훨 벗어 버린 죽순처럼

—〈죽순처럼〉 전문

예나 지금이나 선비들의 기개를 푸른 소나무나 곧은 대나무에 비유한다. 어데까지나 이른 봄의 서장을 여는 대〔竹〕가 어릴 때 죽순으로부터 시작하여 왕대로 성장하게 되는데 죽순 가죽이 겹겹이 쌓아 양복에 넥타이를 맨 신사로 등장시켜 의인화하는 것은 화자만의 특유한 비법이 숨어 있다.

제2연, 3연에는 각 5행으로써 당신이나 내가 마주하여/ 백쇠주 한 잔/ 쭈욱 들이켜며/ 당신 허물 내 허물 다 털어놓고/ 가식 체면 치심 타심 쌓인 회포를 풀어보면/ 실오라기 하나 걸치지 않고/ 훨훨 발가벗은 진실한 알몸으로/ 구름처럼 바람처럼 날고 싶다는 화자 자신을 말하듯 죽순이 커서 맨살에 청옥 띠를 두른 신사로 메타포(은유)화 하는 멋이 절절이 우러난다.

제2부 "의사의 생"에 있어서는 3연에 18행으로 제1연 7행은 첫 환자를 받는 아침부터 저녁까지 좁은 공간에서 환

자와 환자 가족을 위해 하루에도 수백 번 앉았다 섰다 하면서 환자의 아픈 상처를 어루만지다 보면 정작 화자의 피곤함은 말끔히 잊어버린다는 "히포크라테스"의 원리 중 대원리가 아니겠는가?

환자에 대한 지극정성과 환자와 혼연일체가 되지 않고서는 볼 수 없는 그 정신 그 철학이야말로 보통사람과는 달리 거룩한 정신이 숨겨 있다.

다음 2연 6행에서는 새우처럼 몸을 웅크리며 들어오는 환자/ 가족처럼 내 마음도 함께 아파와/ 쓴웃음 웃어 가며 오만 정성 쏟아 부어/ 일평생을 희생과 봉사 정신에서/ 내 청춘을 이 작은 환자실에서/ 큰 일 하게 해 주었다는 하느님의 초연한 뜻으로 환언하고 있다.

다음 3연 5행에 있어서 바람처럼 물처럼 흐르는 세월은/ 오늘도 나를 시나브로 떠미는데/ 아직도 할일이 많은 나/ 죽어 가는 환자를 돌보아야 하고/ 불우한 이웃에게 봉사해야 하고/ 못 배운 이들에게 배움의 전당을 마련하고/ 장학금을 주선해야 하며 나아가 인류 공영에 이바지할 시간이 나에게는 필요하는데, 벌써 세월은 어서 가라고/ 등을 떠밀고 있으니/ 내 시린 가슴은/ 세월의 무게만큼 내 마음도 무거워 온다/는 성인이 실천하는 의학성전(醫學聖典)이 되뇌이게 된다.

아침부터 저녁까지
하얀 가운 걸치고

좁디좁은 공간에서
고통을 호소하는 환자와 가족 위해
하루에도 수백 번 앉았다 섰다
환자의 아픈 상처 어루만지다 보면
정작 내 몸 피고함은 잊어버린다.

새우처럼 몸을 웅크리며 들어오는 환자
가족처럼 내 마음도 함께 아파와
쓴웃음 웃어 가며 오만 정성 쏟아 부어
일평생을 희생과 봉사 정신에서
작지만 큰일 하게 해 준
내 청춘을 묻어둔 방

물처럼 바람처럼 흐르는 세월아!
오늘도 너는 나를 시나브로 떠미는데
아직도 할 일이 많은 나
시린 가슴만 적시어
세월의 무게만큼 내 마음도 무겁구나.

—〈의사 · 3—의사의 생〉 전문

이제 제3부 "햇빛 속의 청옥"은 3연 11행으로써 화자의 솔선 모범적이고 정숙 단아하며 선도적인 심성을 드러내 보인다.

아침 햇살 쏟아지면/ 유리 광택을 지니며/ 강렬한 푸른빛을 발산하고/ 때로는 녹황색으로 변신한다/는 제2연은 제1연을 뒷받침하여 반복 어원을 동반하면서 아름답게 비추이는 보석을 말한다.

이 시 3연에서는 문장 전체를 청옥 내음으로 종결하고 있다. 매우 수려하고 투명한/ 푸르디푸른 비취색깔/ 현란하게 스며드는 청옥내음/은 화자가 살아가는 데 고진감래 속에서 성취된 빛을 발산하는 성공의 청옥 내음이라 할 수 있다.

이 3부작의 "꿈에 어린 황룡강" 시제는 이 시집의 명칭으로서 천진난만한 어린 시절을 그려 낸다. 화자는 유년에 아주 부유한 집에서 행복하게 잘 자랐었다 한다. 그러자 화자가 초등학교 때 선친을 잃고 일본 식민지하에서 가산이 몰락되어 어렵게 살면서 대학교 때에는 가정교사까지 해 가며 형설지공으로 공부해 오늘날 다시 선조의 재산과 같이 뒤를 이룬 것이라 한다. 누구보다도 고향을 아끼는 화자는 어렸을 때 친구들과 물장구치며 놀던 그때를 주마등처럼 각인되어 향수에 어린다. 원래 황룡강 주위에는 정읍 내장산 기슭과 노령산맥과 높은 서산 사이에 울려나오는 깊은 계곡에서 영산강 하류로 흘러가는 물줄기가 황룡강이라 하여, 어렸을 때 보리피리 꺾어 불고/ 송사리 피라미 떼 몰며 물장구치던 / 그때 그 동심에 어린 황룡강/이 꿈속에서 매양 황룡강의 추억이 되살아나곤 한다. 더구나 황룡강 위 산자락에는 증조 조부 아버지의 맥락(유택)이 있는 원류이기 때문에 더욱 소중하고 겸허히 그 젖줄을 빨며 살고 있다는 노스탤지어(향수)에 젖고 있다. 해를 거듭할수록 유년의 아기자기한 동심의 세계가 나래를 펴기 때문에 꿈에 어린 황룡강을 다음과 같이 읊는 것이다.

높은 산 깊은 계곡
원류의 줄기를 타고
유유히 흐르는 황룡강

어제도 오늘도 내일도
수억 겁을 쉴 사이 없이
흐르고 흘러내리는 강줄기

보리피리 꺾어 불고
송사리 피라미 떼 몰며 물장구치던
그때 그 동심에 어린 황룡강

황룡강 젖꼭지에 입을 대고
증조 조부 아버지의 맥을 이어
나 또한 이 젖줄을 빨며 살고 있다.

—〈꿈에 어린 황룡강 · 1〉 전문

제4부 "당신의 덕"에서는 부제(내 아내)이며 연작시 세 수가 있는데 첫째시 3연으로 1, 2연은 4행시이며 둘째시 "당신의 덕" 부제(내 안의 그대)이고 셋째시 부제(그대는 보석)로 되어 있다. 이 시 전체 구성은 3연이며 1, 2연은 4행시 3연은 5행시로 당신(부인)이 있기에 행복한 가정을 이루어 잘 살게 된다는 모티브(동기)를 제시한다.

제1연에서, 하늘의 천사 내게 날아와/ 나 어디가 좋아서 평생을 바치는가/ 해바라기 꽃 해 보고 따라 가듯/ 그대는 날 보며 따라왔지요. 제2연에서 우아하고 아름다운 당신의 미소는/ 화사한 봄날/ 따스하게 비춰주는 금빛 광채/ 그대는 우리 집의 횃불입니다. 3연은 내가 모를 가슴앓이 있을지라도/ 이런저런 내색 않고 혼자 접어 두어/ 가족 마음 편하게 해 준 그대 있기에/ 곰삭아 구수한 된장 맛처럼/ 우리 가족 행복한 건 당신 덕이랍니다./하며 더더욱 제2, 제3시에도 아내 사랑이 절절하게 이어진다.

부제 〈내 안의 그대〉 제2시에서는

그대는 아시나요?
당신이 내 안에 내 것을 녹였다는 걸
녹아 버린 그 자리에
오직 당신으로 가득합니다.

그대는 아시나요?
나 당신 품에 파고드는 걸
아가들 재롱으로 가득할지라도
나 그 자리 비집고 들어갈래요.

당신과 함께한 세월 어느덧
열 손가락 접어서도 몇 바퀴
곱디고운 당신의 모습
속속들이 깊은 맘!
그대 나를 알고
나 또한 그대를 아니
실주름 틈 사이에
골골이 깊은 정 새록새록 쌓입니다.

부제 〈그대는 보석〉 제3시에서는

창공에
수많은 별들
모래알같이
맑은 생명
그중에
우리 둘이 만나
반백 년이 흘렀구려

수줍어
부끄러워
얼굴 붉혔던 당신이
천사처럼
내게 날아와
나만의 소유인 줄 알았는데
알고 보니 당신은
하늘이 빌려 준
나의 보석이었소.

—〈당신의 덕〉·2·3 전문

제5부 "비에 젖은 충장로"는 4연 각 4행 전연 16행으로 기승전결(起承轉結)을 완연하게 구사하고 있다. 이 5부작은 16편의 시로써 화자와 더불어 계절을 찬양하는 열 편의 가을의 시가 있다. 아울러서 제1연은 광주의 중심 충장로에서 밤낮을 가리지 않고 젊음이 춤을 추는 듯 인파로 북적인다

는 시의 전체를 통괄하는 현장감 나는 기(起)를 잘 말해 주고 있다.

제2연에서는

비를 맞아도 식지 않는/ 꽃잎처럼 휘황찬란한 불빛/ 비와 함께 어우러져/ 충장로의 밤 촉촉이 젖는다.는 전연을 잇는 승(承)을 말한다. 3연은 골목마다 반짝이는 불빛/ 네온사인 화려한 춤을 추고/ 연인도 친구도 손잡고/ 싱그러운 젊음을 노래한다.는 이 시의 전반을 휙 둘러서 창작의 중핵을 전(轉)으로 이루었다.

이 시(4연)의 종결로써 눈부신 야경에 취하고/ 싱싱한 젊음에 또 취하고/ 활기찬 아름다운 모습에 반해/ 가던 길 멈추고 우두커니 서 있다. 다시 뒤돌아보게 하는 회귀법으로써 드디어 피날레 결(結)한다.

화자는 고등학교 때부터 광주에서 온갖 애환을 겪고 살면서 때로는 젊음을 상징하기도 하고 지금쯤 21C 광주의 발전과 문명의 이기에서 변화된 이 지역 심장부인 충장로에서 일어나는 아름답고 화려한 시대 상황을 현대적인 사화가락으로 노래하고 있다.

4.

화자는 고희(古稀 70)를 넘어 희수(喜壽 77)에 이르러 어지간한 의업과 가정사는 두 아들에게 맡기고 평소에도 그러하지만 아주 멋있고 아름다운 노년을 보내기 위해 틈만 나면 나들이와 멀리 여행을 즐긴다. 국내뿐 아니라 외국 여행도 매년 2~3개 국씩 순방한다.

이번 제6부 "정처 없는 여행길" 16편 시 속에서도 15편이 나들이 및 해외 여행시다. 여기에는 3연 11행의 시로 제1연에는 이제 연만한 입장에서 가화만사성(家和萬事成)을 하고 나라를 위해 국위선양(國威宣揚)을 하였으며 인류공영(人類共榮)에 이바지하는 것은 명예나 재산을 욕심내는 것도 아니요, 일생을 살아오는데 무엇을 보고 무엇을 더 얻기 위해 연연하지도 않는다. 이제 모든 일상(日常)을 다 털어버리고 나그네가 되어 여행이나 하며 인생을 음미해 보자.

제2연에서 옛날 같으면 엄두도 내지 못하는데 문명의 이기로 교통이 퍽 좋아진 오늘날에는 마음만 먹으면 어느 때나 가볍게 떠날 수 있는 지향길이라 한다.

제3연에는 모든 것을 비우고 자연을 벗삼아 마음 닿는 대로 신선처럼 산과 바다 나무와 새들과 함께 동요되어 조잘거리며 노래하고픈 여행길을 택한 것이다.

명예 욕심 재산 가진 것 다 버리고
무엇을 보기 위해 무엇을 얻기 위해
일상에서 벗어나 먼 길 떠나는 나그네일까

옛날 같으면 엄두도 내지 못할
마음속 간직한 미지의 세계인데
교통이 좋아진 오늘날 마음만 먹으면
어느 때고 사뿐히 떠날 수 있는 지향길

모든 것을 비우고 신선처럼 훌훌
산과 바다 나무와 새들이 노래하는
자연을 벗 삼아 속삭이고 공명하며
마음 닿는 대로 발길 가는 대로 정처 없는 여행길

—〈정처 없는 여행길〉 전문

지금까지 인생질곡의 터널에서 생로병사, 잘살고 못살고, 잘되고 못되는 것이 각자의 분복에 있다지만 누가 얼마나 맡은 바 소임을 다하고 손수 극기 노력 실험과 헌신적으로 정열을 아끼지 않고 인류 공영에 이바지하겠는가? 여기에는 향기 그윽한 백합화와 백년초를 피워 관조와 혜안으로 승화하는 한 편의 역사의 장을 찾을 수 있을 것이며 이 또한 서정의 시로써 꿈에 어린 황룡강을 절절히 읊어 볼 것이다.

언제나 우리 주변에서 어렵게 사는 이웃들과 고향에 대한 동심의 세계가 불현듯 머리 속에 떠올라 항시 배려하고자 하는 그 심성과 이제 80을 바라보는 노신사의 철학은 결코 허물어지지 않는다는 것을 굳게 믿으며 그의 탁마와 천착의 시가 온 누리에 오래도록 메아리를 울리며 충만할 것을 더불어 여기에 만인의 기대가 더욱 크다 하겠다.

2008년 6월

牟陽城下 直齋山房에서

■ 발문

自我의 發見 自畵像

—시집「꿈에 어린 황룡강」의 詩世界

손 광 은

(시인 · 문학박사 · 전남대 명예교수)

계산(桂山) 김계윤 씨의 시는 사물의 본질적인 아름다운 새로운 것의 찾아내기다. 自我의 발견이며 자화상이다. 계산의 시는 가슴속 깊은 곳에서 보이지 않는 생각이기 때문에 아무도 생각을 눈으로는 볼 수 없다. 그러나 계산은 시를 써서 언어로 사고하고 보고 있었다. 시인이 있는 곳에 새로운 언어가 있었다.

시만이 남에게 내 생각을 보여줄 수가 있다. 그래서 시인은 생각이 말이 되고 생각이 글이 되고 판단의 행동이 시로 창작되었다.

시는 머리로 쓰이는 것이 아니라서 정서적인 말로 쓰여진 그의 시는 조그마한 눈방울로 큰 산도 넓은 강도 빈 눈방울 속에 가득가득 채우는 시인이다.

시는 직감의 상상력 때문에 마음의 자유로운 여행자이다. 진실한 마음의 표상성으로 진실한 마음의 정직성을 내 마음의 참됨을 정직하게 삶의 체험을 표현한 사람이다. 그래서 삶의 체험을 글로 만들어 눈으로 볼 수 있게 시를 쓰는 사람을 시인이라고 한다.

계산 김계윤 씨는 많은 세월이 지난 희수 기념으로 이제사 주옥같은 시를 뜬금없이 보여 준 겸손한 시인이다.

나는 당황하고 놀랐다. 계산의 시를 읽고 가슴에 깊은 가슴에 사람을 사랑하는 의미를 치열하게 가지고 사는 사람인을 알았다. 치열한 불씨를 키워 마음을 태우고 한없이 타면서 가슴에 불을 지르고 불씨 때문에 불씨가 번지는 동안 갈망하고 사는 상상력을 펴고 현실에서 꿈을 꾸고 산 계산의 영감의 광채를 보게 되었다.

천직은 정형외과 의사로 인술을 베풀고 지역사회 봉사와 사회복지활동으로 바쁘고 분주한 세월을 보내면서 혼자만의 순수한 정신세계인 새로운 마음의 창을 활짝 열어 세상 모든 가치 있는 것들의 의미를 보여 주었습니다. 나는 감동으로 흥분되었다. 모든 일에 바쁘게만 살아온 계산의 삶을 40여 년 넘게 가까이 교류하고 지내 온 터이거니 놀랄 수밖에 없다.

평소 사심 없이 청순한 마음, 강력한 추진력, 근면성과 외유내강은 천성이거니 생각은 했지만 이렇게 아름답고 따뜻한 마음 순수한 보석 같은 감동으로 눈물이 고인 서정시인이 되어 있는 줄 몰랐다.

헌신적인 사회봉사로 꿈을 이루고, 깊은 애정으로 장애인이나 청소년을 위한 복지 등을 보살피면서 모든 애정을 쏟아내는 헌신적인 삶의 체험, 정신적인 그림자 흔적이라 생각된다.

어쩌면 천품이 시를 쓸 수 있는 사람이었다. 순수하고 순진한 마음, 세상을 따뜻하게 보는 마음, 고귀한 목숨을 되살리려는 천직의 아름다운 인술은 계산이 살아가는 겸손과 열정의 몸짓이었기에 그렇다. 계산의 시를 읽으면 아름다운 시어들이 구절마다 살아 움직여 역동적인 시어들이다.

시는 말하듯 쓰지만 시 언어들의 긴장된 결합으로 형용의 내포성을 새롭게 느낀다.

> 수천 그루 매화나무/ 아지랑이 타고 온 봄물결
> 겨우내/ 그리도 그리웠던가.
>
> 유난히 빨리/ 피어오른 꽃 탓에/ 황량한 땅 민망해
> 청보리로 대신하고/ 만개된 매화꽃
> 눈송이처럼 떨어지는 모습/ 또다시 날 오라는
> 손짓인 듯싶더라.
>
> ―〈섬진강의 봄〉 부분

위 시에서 보듯 동심의 곱고 순수한 꾸밈이 없는 마음의 펼침을 읽고 있으면 우리들의 눈과 귀를 새롭게 뜨게 한다. 시어들이 푸성귀처럼 풋풋하고 싱싱해서 저절로 낭송되어진다.

행여 속살 보일세라
겹겹이 입은 내의처럼
양복 넥타이 옭아매고
점잖 차린 저 신사여

가식 체면 훌랑 벗고
치심 타심 훨훨 털고
숨김없는 알몸으로
솟구치는 용기로
구름처럼 바람처럼 날으려나

백쇠주 한 잔
쭈욱 들이켜며
쌓인 회포 풀어놓고
허허 한번 웃어 보소
훨훨 벗어 버린 죽순처럼

—〈죽순처럼〉 전문

옛 선비 사림적 풍류가 풍긴 멋진 신사, 점잖 차린 신사로 식물인 죽순을 새로운 사람의 의미로 바꿔 놓는다.

가식, 체면 훌랑 벗고 있는 죽순 같은 사람이 상상되었다. 상상력은 이미지화되어 죽순의 철학적 성찰은 우주를 누빈 보편성을 감동받도록 새롭게 창조되었다.

창의적인 사고, 풍부한 감정의 절제된 정서의 표현능력은 개성적인 매력이었다.

시를 형상화 해내는 바탕은 곧 계산의 마음을 벗길대로 다 벗겨 버린 소탈하고 호탕한 자화상이다. 또 계산의 시어들의 특징은 사물을 청각으로 직감, 송골송골의 태화시키고 살아 있는 사물을 듣는 것으로부터 느끼고, 보고 결국은 향기로 전해진다고 할까. 토속적인 우리 말의 주관적인 표현은 낭만적 휴머니즘 표현이다. 우리들에게 사랑스럽고 세상의 작은 것까지 멋진 본질을 바꿔 놓았다.

제2부의 시들은 의사의 삶, 자신의 마음의 내면을 들여다보고 있었다. 자화상일 뿐 아니라 인간실존을 표현한 개성적인 단면 곧 자아의 발견이었다.

진실한 사상의 발상과 동시에 의미를 지시하고 감정을 표현한 이미지 확대한 사고 속에 언어가 있기 때문이다. 시어는 내 마음의 표현, 풍자적 사타이어, 풍류적 비평까지 새로운 것의 모든 것을 찾기다.

계산 자신의 삶의 다양성 그 근본을 보여 주고 있기 때문이다. 인생론적 철학, 성찰의 눈에 안 들어온 것이 들어오게 된 깨달음 없이는 표현할 수 없는 시 쓰기이기 때문이다.

소재들을 소중히 잡아 의미를 붙여준 언어의 소박미가 꾸밈이 없는 표현의 아름다움이다. 소박한 마음 펼쳐내는 계산의 시들은 시 속에 담겨진 사상이라든가 감흥은 친근감으로 다양하다. 색채에 비하면 울긋불긋한 색채와 같다.

백지 그림은 세상의 요설을 다 함축한다. 몇 번이고 읽어보면 다시 읽고 싶다.

백지 한 장 앞에 놓고
상상으로 그린 그림
살갗 스치는 바람도 그려 보고
허공 속 헤매도는 공기도 그려 넣고
땅에서 하늘에서
서 있고 걷고 나는 존재들
차례대로 드러내어
백지 위에 얹어 보네

분주하면서도 한가롭고
한가로우면서도 분주한
알다가도 모를 것만 같은
내 마음도 그려 보고
이런저런 사연 모아 색깔 없이 그린 그림
백지 한 폭 가득 채웠지만
왠지 모를 쓸쓸함 밀려와
그리다가 그냥 접고 말았네.

―〈백지 그림〉 전문

「상상으로 그린 그림」 이 시는 깜짝 놀라게 한 절창이다.

자성하는 자세에서 나를 새롭게 보고 있는 계산, 자신 실존의 자화상이다. 우리는 마음을 누구에게나 보여줄 수 없고, 볼 수도 없는 신비한 정신이 나를 지탱해 준다. 나만이 생각하고 나만이 펼 수 있는 마음을 그릴 수도 없다. 이러한 경지에까지 깨닫고마는 계산의 시 정신은 위대하다.

찬란한 외로움 가슴에 차고
쉴 줄 모르고
멈출 줄 모르는
시간 속 강줄기에 묻혀
보이지도 않고
잡히지도 않은 흐름 속에
살다 보면 누군들
마르고 젖은 날
없으리오마는
얼기설기 맺힌 가슴 아름답게
서글픈 맘 두지 말세.

미운 정 고운 정
쌓이다 보면
깊은 정 스며들고 말거늘
이 세상 어느 만물
스승 아닌 것 없다는데
잘함도 못함도 스승이거늘
실타래 풀듯 풀며 살세

누구나 잠시 쉬었다 가는 삶이거늘
그렇고 그렇게 찬란한 슬픔으로 사는 人生이거늘.

—「실타래 人生」 전문

인생론적 성찰, 철학적 사상 없이는 뛰어넘을 수 없는 우아하고 비장하고 웅장하면서 고요히 관조한 정적, 그 긴장의 현장이다.

언어를 통해서 사고하는 행동이다. 깊은 사고가 있는 곳에 계산의 언어가 있다. 대상을 직접 표현하지 않고 어둠과 빛의 소리로 다 흡수하고 색깔들이 내면으로 인생을 投射하고 있다.

■ 발문

생명을 다루며 생명을 노래한 시

허　형　만

(목포대 교수 · 한국시인협회 심의위원장)

1.

계산 김계윤 선생님의 직업은 의사다. 모두들 그리 알고 있다. 나 역시 오랫동안 매월 둘째 주 화요일 저녁 여섯 시 반이면 어김없이 모이는 〈고향사랑회〉에서나 〈김정형외과〉를 찾을 때나 선생님은 항상 '원장님'으로서의 의사였다. 그런데 최근에 "그동안 글을 좀 써 놓은 게 있으니……" 하시면서 만나 달라고 전화가 왔다. 〈고향사랑회〉 7월 월례회의가 끝나고 선생님의 병원을 찾았다. 선생님의 서재에서 건네받은 원고를 보고 나는 깜짝 놀랐다. 그것은 모두 시였다. 그 시 원고를 건네받기 전까지 솔직히 나는 선생님께서 한평생을 살아오시면서 쓰신 삶의 이야기일 거라고 생각했다. 왜냐하면 선생님께서 전화로 말씀하실 때 "올해 희수를 맞아 책을 한 권 내고 싶으니 써 놓은 글 좀 봐 달라"고 하셨으니까 내 생각으로는 교정이나 봐 달라는 정도로 지레짐작할 수밖에. 그 원고를 받고 나서야 선생님께서 이미 등단하신 시인이셨다는 사실에 놀란 것이다. 또한 〈백야문학회〉

회장직까지 맡고 계셨다.

선생님이 시를 쓰는 의사, 병원 원장님이시면서 시인이라는 사실을 나만 모르고 있었던 걸까. 의사가 시인인 경우는 사실 그렇게 놀랄 일이 아니다. 내가 아는 시를 쓰는 의사는 많다. 그럼에도 등잔 밑이 어둡다고 가장 가까이서 한 달에 한 번씩 만나고 김병원 근처 지하 카페에서 함께 술을 마시면서도 선생님은 누구에게도 자신이 시인이라는 사실을 알리지 않으셨다.

가만히 생각해 보니 선생님께서 시를 좋아하시는 모습을 술좌석에서 종종 볼 수 있었던 계기는 몇 차례 겪었던 것 같다. 그때 왜 눈치를 채지 못했을까. "시인은 겸손해야 한다. 겸손하지 않은 시인은 참시인이 아니다."는 나의 지론을 이제야 선생님을 통해 현실적으로 확인한 것 같아 주신 작품을 밤새워 읽었다.

2.

계산 김계윤 시인의 『꿈에 어린 황룡강』은 시인의 희수 기념 시집이면서 동시에 첫 번째 시집이 된다. 총 99편의 시 속에는 고향과 자연, 의사로서의 삶과 생명의식, 아내에 대한 사랑, 그리고 여행을 통한 우주와의 교감이 잘 드러나 있다. 여기에서는 시집 표제에 맞춰 고향의식을 살펴보고 이어 시인의 직업이 의사인 만큼 의사로서의 정신과 삶을 집중적으로 살펴보고자 한다.

먼저 시인에게 있어서 고향의식은 출생지인 전라남도 장

성군의 남동부로 흐르고 있는 황룡강을 통해 드러나고 있다. 시인의 나이 희수에 고향은 시집 표제처럼 『꿈에 어린 황룡강』의 추억이 투영된 이미지이다. 이승훈의 『문학상징사전』에 의하면 강의 상징적 의미는 두 가지로 나타난다. 이는 강이 자연을 창조하며 동시에 시간의 흐름을 암시하기 때문이다. 전자를 염두에 두면 강은 비옥성, 토양의 경작에 필요한 물을 의미하며, 후자를 염두에 두면 이와는 달리 되돌아갈 수 없는 시간의 경과, 곧 상실과 망각을 의미한다.

높은 산 깊은 계곡
원류의 줄기를 타고
유유히 흐르는 황룡강

어제도 오늘도 내일도
수억 겁을 쉴 사이 없이
흐르고 흘러내리는 강줄기

보리피리 꺾어 불고
송사리 피라미 떼 몰며 물장구치던
그때 그 동심에 어린 황룡강

황룡강 젖꼭지에 입을 대고
증조 조부 아버지의 맥을 이어
나 또한 이 젖줄을 빨며 살고 있다.

—「꿈에 어린 황룡강 · 1」 전문

이 시에서 강은 과거에도 흘렀듯이 현재도 “유유히 흐르는” 강이며 동시에 미래에도 흐를 생명성의 표상이다. 이 강은 유년 시절 “보리피리 꺾어 불고/ 송사리 피라미 떼 몰며 물장구치던” 추억의 강이기도 하다. 현재 시인의 존재는 이 강을 통해서 생명줄을 튼튼하게 해 왔음을 의미하는 것이다. 그것은 곧 과거로부터 현재 그리고 미래를 향해 흘러가는 전통적인 시간관과 맞닿아 있다. 그걸 증명하는 마지막 연은 단연 압권이다.

> 황룡강 젖꼭지에 입을 대고
> 증조 조부 아버지의 맥을 이어
> 나 또한 이 젖줄을 빨며 살고 있다.

이 마지막 연에 와서 황룡강의 생명이 살아있음을 실감케 한다. 황룡강의 흐름이라는 시간성과 “증조 조부 아버지” 그리고 “나”로 이어지는 생명이 한 줄기로 조화를 이루면서 “맥”과 “젖줄”은 마침내 시공을 초월한 한 몸으로 승화되는 힘을 발휘한다.

> 고향은 어머님 품속같이 따뜻하고
> 풍요로운 자원이 깔려 있어
> 아쉬움 없이 옛이야기 들려주던
> 할머니의 체취가 어리는 곳
>
> 여럿의 실개천이 합류하여

굽이굽이 황룡강 물결 따라
발가벗고 목욕하며 천렵하던 곳
그리운 사연이 실타래처럼 얽히는 곳

내 어린 시절
허기진 채 뛰어다녀도 마냥 즐거운 들녘
각종 풀꽃이 산야에 피어나고
산새나 짐승들이 우짖으며
온갖 자연의 숨소리가 들리던 곳

때로는 어려운 난관에 부딪칠 때
뜻밖의 시련이 가로막을 때
고향의 순박한 산과 강 언덕이
나를 돌보아 주고 지켜 주던 곳.

—「향 수」 전문

시인은 고향을 생각할 때마다 "어머님 품속같이 따뜻"해 한다. 유년 시절 고향의 황룡강에서 "발가벗고 목욕하며 천렵하던" 추억과 "허기진 채 뛰어다녀도 마냥 즐거운" 추억이 모두 아무리 현대에 살아도 훼손되지 않는다. 그러기에 고향은 순수한 유년 시절에 대한 동경과 관련되어 따뜻하고 자족적인 공간으로 상징된다. 현대에 사는 사람들은 대부분 고향을 잃어버리고 고향에 대한 상실감에 젖기도 하지만 이 시에서처럼 오히려 고향이 있는 사람은 그 고향이 "때로는 어려운 난관에 부딪칠 때" 또는 "뜻밖의 시련이 가로막을 때"마다 "나를 돌보아 주고 지켜주"는 수호신 내지는 정신적 버팀목으로 존재한다.

3.

앞에서 김계윤 시인은 의사라고 밝힌 바 있다. 시인은 〈머리말〉에서 "의과대학을 졸업한 지 50년이 되었"다고 말하고 있다. 평생을 의술에 종사하면서 어려운 이웃과 환자들을 위해 헌신하고 봉사해 왔던 이력은 알 만한 사람은 다 안다. 그래서 우리 주변에서 김계윤 시인을 '살아 있는 히포크라테스'라고 추앙하는 소리를 많이 들어 왔다.

천성을 의사로 택하여
타인은 쉬고 있을 때 일을 하고
타인이 병났을 때 치유하며
타인과 기약할 수 없는 무리한 직업
만의 하나라도
환자에게 정성을 다해 치료했으나
상태가 별로 진전이 없을 때
괴롭고 아쉬움에 가슴 조이며
문득문득 고향 산천을 떠올린다.

혼신을 다하는 슬기에서
차마 아니 절박한 마음 가누고
히포크라테스의 정신으로
의술을 인술로 다스리게 된다.

—「의사 · 2」 전문

의사를 가장 의사답게 하는 정신은 단연 그리스의 의학자 히포크라테스의 정신일 터. 히포크라테스의 정신은 곧 '의사의 윤리'에 다름 아니다. 이 의사의 윤리란 내 생각으로는 '인술(仁術)'에 다름 아니라고 믿는다. 그러기에 시인 역시 "환자에게 정성을 다해 치료했으나/ 상태가 별로 진전이 없을 때/ 괴롭고 아쉬움에 가슴 조이며/ 문득문득 고향 산천을 떠올린다". 여기서 "문득문득 고향 산천을 떠올린다"는 말은 무슨 의미인가. 고향에는 탯줄이 있고, 부모 형제, 이웃이 있다. 비록 지금은 누군가 떠나고 없을지라도 고향은 영원한 정신적 안식처다. 고향산천은 의사로서의 괴로움과 아픔을 위로받을 수 있는 귀한 자연이다. 히포크라테스도 말하지 않았던가. 〈병을 낫게 하는 것은 자연이다〉라고. 히포크라테스가 인체는 불·물·공기·흙이라는 4원소로 되어 있다고 생각한 것처럼 김계윤 시인 또한 의사로서 히포크라테스와 일치된 삶 속에서 의사로서의 모든 힘들고 어려운 상황의 처방을 "고향산천"이라는 자연 속에서 찾고자 했는지 모른다. 그러면 그렇게 고향산천에서 위로받는 자신은 환자에게 어떤 마음의 자세를 보이고 있는가.

꽃들을 선사하는 것처럼
의사는 언제나 환한 밝은 미소로
고달픈 사람의 마음을 만지며
대수롭지 않은 말 한마디에도
이승과 저승을 오가게 하는 사람

고달픈 환자나 인생에서 마지막 순간까지
손잡아 주고 지켜주는 의사의 마음

의사에게 의지하고 신뢰하는 가운데
병세가 흐트러지고 시들지라도
한 송이 꽃을 위한 꽃받침처럼 밉다 하지 않고
친가족처럼 시들어가는 심상을 어루만지는
하늘이 내게 마련해 준
천사와 같은 의사의 본마음

—「의사 · 4」 전문

'의사의 마음'이라는 부제가 붙은 작품으로, 의사로서의 마음뿐 아니라 정신적 자세까지 읽을 수 있다. 그렇다. 앞에서 의사의 괴로움과 아픔은 고향산천을 통해 위로받는다고 했듯이 환자는 의사를 통해 위로받고자 한다. 환자란 의사로부터 "대수롭지 않은 말 한마디에도/ 이승과 저승을" 오고 가고 한다. 환자란 본시 "의사에게 의지하고 신뢰"하고자 한다. 그럼에도 의사는 과연 환자의 그 기막힌 심정을 얼마나 알까. 학생이 돈으로 보일 때 그 학교의 교육은 망치듯이 환자가 돈으로만 보이는 의사에게는 "의지"와 "신뢰"는 무너질 것이다. 그리고 동시에 치유는 더더욱 기대하기 어려울 것이다. 왜냐하면 그 의사는 히포크라테스의 정신을 배반한 사람이기 때문이다. 현실적으로 "손잡아 주고 지켜주는 의사의 마음"을 가진 의사는 과연 얼마나 될까. "고달픈 사람의 마음을 만지며/ 대수롭지 않은 말 한마디"

라도 건네주는 의사는 또 얼마나 될까. 의술을 인술로 다스리는 가장 기본적인 처방은 아마도 '위로'가 아닌지 모르겠다. 한국일보 7월 11일자 「오피니언」란에 인제대학교 의과대학 강신익 교수가 쓴 글을 읽었는데, 그분의 글에 의하면 최상의 의술은 '위로하는 마음'이라고 했다.

그러면서 어떤 의사의 묘비에 새겨져 있다는 다음과 같은 글귀를 소개했다. "나는 아주 가끔 환자의 병을 치료해 주었고 그보다 더 자주 아픈 사람을 보살펴 주었으며, 언제나 그들을 위로했다."

김계윤 시인도 의사로서 그 묘비명에 새겨진 의사에 못지않은 의사로서, 히포크라테스 정신을 온몸으로 실천하고 있는 의사임을 우리는 알 수 있다.

■ 부록

악 보

—김계윤 시에 의한 가곡 · 국악—

배고픈 다리

김재윤 작시
이민수 작곡

민요풍으로, 익살스럽게

16
mf
있 기에 나 날 이 그 리 는 배 고 픈 다 리

21
mp
배 고 픈 다 리 건 너 — 보 리 밥 집 에 푸 짐 한 산 —

26
mf
나 물 — 싱 싱 한 겉 절 이 보 리 밥 한 그 릇

31
mf
뚝 딱먹 고 ㅡ 막 걸 리 한 사 발 주 욱들 이

36
f
켜 다 ㅡ
mf

41
mp
배 부 른 아 우 성 에 신 바 람 났 건 만

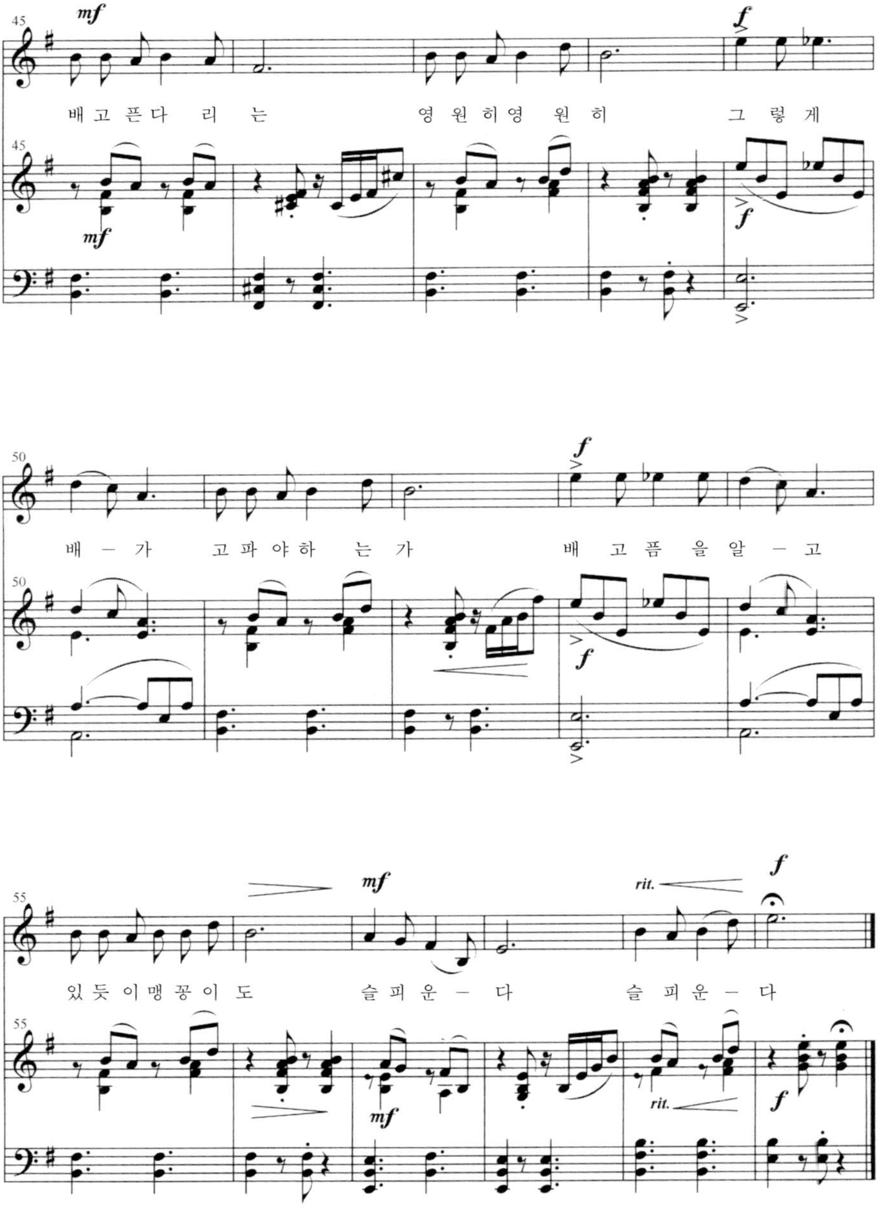

45 mf f

배 고 픈 다 리 는 영 원 히 영 원 히 그 렇 게

머무를 수 있다면

데 바 다 를 이 루 는 데
mf
한 많 은 긴 세 월 흐 르 고 흐 ㅡ 르
mf
니 아 쉬 움 만 더 해 가 네

19
mp
아 쉬 움 만 더해 가 네
22
25
시 간 을 쪼 갠 듯 바 쁘 게 살 아 온

mf
길 후 회 없 는 삶 — 인 줄 알 았 는
mf
rit.
mf a tempo
데 — 지 나 온 뒤 안 길
rit.
mf a tempo
mf
다 시 갈 수 있 — 다 면 하 고 픈 일 너 — 무
mf

많 아 마 음 만 서 글 프 네
생 빛 생 빛 정 지 되 어 있 는 석 양
머 리 붉 ㅡ 은 ㅡ 노 을 아 언 제 ㅡ

49
mf
부 상 에 다 시 떠 오 려 — 나 가 지 도 말
53
고 지 지 도 말 고
56
f
mf
꺼 지 지 도 말 라 머 무 를 수 있 다

mp
면
꺼 지 지
도 말
라
mp
mf
rit.
머
무 를
수
있 ㅡ 다
면
mf
rit.

사랑 그리고 행복

김계윤 작시
이민수 작곡

mf
진 정 으 ㅡ 로 사 랑 할 ㅡ 수
mf

있 음 을 알 았 습 니 다
mf

mp
사 랑 을 하 다 보 면 ㅡ 주 고 주 고 또 주 고 ㅡ
mp

mf
29
퍼 부 어 줘 도 줘 도 ─ 주 는 맘 더 행 복 해
mf

33
mp
그 러 고 ─ 도 더 줄 게 없 나
mp

37
mf
머 뭇 거 ─ 려 집 ─ 니 다
mf

41
♩=75
mf
서 로웃 고
41
♩=75
mf
mf

44
사 랑 하 기 에 도 ㅡ
짧 은 시 간
이 ㅡ 기 ㅡ 에
44

47
다 시 찾 을 수
없 는
소 중 한 오 늘 하
47

50
mf
루
후 회 하 지
않 — 을 — 만 — 큼
50
mf

53
f
조 심 스 러 운
사 — 랑 의 꽃 —
한 송 이
53
f

56
rit.
한 — 송 이
피 워 가 렵 니 다
56
rit.

월출산 안개

mf
13
산 허 리 칭 칭 감 아 ―
머 리 풀 고 오 르 더 니 ―
mf

17
rit.
산 허 리 칭 칭 감 아 ―
머 리 풀 고 오 르 더 니 ―

21
mp a tempo
천 왕 봉 에
자 리 잡 고

25
한 — 나 절
놀 — 다 가
25

29
mf
차 례 대 로 날 — 아 가 —
짙 은 구 름 산 이 루 고 —
29
mf

33
f
rit.
하 — 늘 맞 닿 은
다 — 리 놓 — 아
33
f
rit.

mp a tempo
산 도 하 늘 하 늘 도 산
mp a tempo

분 간 하 기 어 — 렵 네

♩.=57
♩.=57
mp
mf

49
mp
저 산마루허공에 둥실둥 실떠다니는
mp

53
mf
선 배 구 름 들 —
mf

57
mp
옛 — 추 억그리는지 안 개산 만 바라보고
mp

mf
깨 어 진 조 각 구 름 만 —
mf
f
붙 였 다 떼 었 다 장 난 질 하 며 가 — 다 달 —
f
고 그 — 자 리 에 머 물 러 있 네
ff
머 물 러 있 — 네 —
ff

꽃 중의 꽃

김제윤 작시
이영애 작곡
느린 중중모리
장 미 철 쭉 개 나 리 진 달 래 목 련 난 초 백 합
고사리 손 가락 꼼 지 락 꼼 지 락 잼 잼곤지곤지 기 저귀차고
사 시 사 철 피 ㅡ 는 꽃 ㅡ 들 도 아 름 답 다 하 ㅡ 여 도 오 ㅡ ㅡ ㅡ
뒤 ㅡ ㅡ 뚱 폴 ㅡ 짝 비 ㅡ 비 적 장 ㅡ ㅡ 단 맞 ㅡ ㅡ 춰 오 ㅡ ㅡ ㅡ
3
이 꽃 저 꽃 다 합쳐도 사람 꽃 만 은 ㅡ 못 하 더 라
어 떤 꽃 이리 예 쁠고 꽃 중 의 꽃 ㅡ 내 아 가 야

이 슬 비

김계윤 작시
이영애 작곡
빠른 중중모리
이 슬 비 보 — 슬 보 슬 내 리 던 — — 날
잠 자 는 나 — 무 들 — 어 서 깨 — 라 고
추 적 추 적 정 원 에 나 — 갔 었 지
발자국 소 리 높 — 여 걸 어 보 았 지
새 싹 들 의 움 — 트 는 기 지 개 소 리 에
갈 증 났 던 꽃 — 나 무 고 개 를 들 — 고

뻥 긋 뻥 긋 매 — 화 꽃 꽃 — — 피 — 었 네
살 랑 살 랑 춤 — 추 며 단 — 비 마 — 신 다
초 여 름 산 들 바 람 에 향 내 음 팔 지 않 은
매 실 주 담 아 고 향 옛 벗 나 와 함 께 잔 기 울 였 지

계산 김 계 윤 시인

- 1932년 전남 장성 출생
- 장성중 · 광주서중 · 광주고등학교 졸업
- 전남대학교 의과대학 졸업
- 전남대학교 대학원 졸업, 박사학위 취득
- 일본 구유미 의과대학 정형외과 수료
- 정형외과 전문의 의학박사
- 김 정형외과 병원(현 김병원) 개원
- 향토문화 개발협의회 이사장 역임
- 대한불교조계종 광주신도회장 역임
- 광주광역시 의사회장 역임
- 전남대학교 의과대학 동창회 회장 역임
- 국제와이즈맨클럽 한국협의회 의장 역임
- 사회복지법인 계산원 설립 이사장(현)
- 계산장학회 설립 이사장(현)
- 김병원 종합검진센터 개설
- 광주광역시 민속박물관 회장(현)
- 의료법인 삼선의료재단 영암김병원 이사장(현)
- 적십자 박애상 금장 수상
- 광주시민대상 수상(사회봉사)
- 국민훈장 동백장 수상(자원봉사)
- 전남대학교 용봉인 명예대상 수상
- 월간 〈문예사조〉 수필 · 시부문 신인상 수상, 문단에 등단
- 한국문인협회 시분과 회원
- 세계시문학연구회 이사
- 한국백야문학회 회장

저자와의
협약으로
인지생략

계산 김계윤 시집
꿈에 어린 황룡강

초판 인쇄 2008 년 9 월 20 일
초판 발행 2008 년 9 월 25 일

지은이 | 김 계 윤
펴낸이 | 윤 해 규
펴낸곳 | **을지출판공사**

등록번호 | 제 2-741 호
등록일자 | 1985 년 2 월 14 일
주 소 | 서울시 마포구 서교동 394-81 홍익B/D 3층
우편번호 | 121-840
전 화 | 02) 334-4050
팩시밀리 | 02) 334-4010
E-mail : euljipub4010@hanmail.net

값 15,000원

ISBN 978-89-7566-091-7 03810